Yeah

Tetsuya Komuro

WOWとYeah

小室哲哉

ント

Ikko Kambara

神原一光

小学館

WOW。

WOWとYeah
小室哲哉
起こせよ、ムーヴメント

目次

はじめに 004

第一章 原点
音楽プロデューサーになりたい 1974-1993 013

第二章 飛躍
ミリオンという時代 1994-1998 077

1. TRF センセーションを生み出す挑戦 079
2. 篠原涼子 アイドルをアーティストに 097
3. H Jungle with t 「芸人アーティスト」最大のヒット 111
4. 華原朋美 シンデレラガールの誕生 129
5. globe ミュージシャンへの回帰と実験 143
6. 安室奈美恵 「平成の歌姫」への階段 167
7. TK PRESENTS こねっと 台風の目の「現在」と「未来」 193

第三章 現在
ここからの小室哲哉 2021- 215

終章
小室哲哉の本質とは? 237

おわりに 248

主要参考文献 252

はじめに

「曲ができたよ、ちょっと聴いてみる?」

小室哲哉は楽曲ができると、スタジオの扉を少し開けてうれしそうに顔をのぞかせ、スタッフを招き入れる。2024年、音楽活動40周年を迎えたいまも、デビュー当時から変わらない音楽少年の姿が、そこにはある。

平成の音楽シーンに「ムーヴメント」とも言うべき巨大なうねりを起こした音楽プロデューサー・ミュージシャン、アーティスト・小室哲哉。1984年、TM NETWORKのメンバーとしてデビューして以来、アーティストとして最前線で活躍し続け、CDの総売り上げは1億7000万枚超。作詞家として、作曲家として、そして編曲家(アレンジャー)としても、CDシングルの歴代売上ランキング・トップ5に名を連ねる唯一のアーティストだ。「J-POP」の歴史を次々と塗り替えてきた小室が、これまでに書き上げた楽曲は実に1600超。その1曲1曲が、冒頭のちょっとチャーミングなプロセスを経て、世に送り出されてきた。

この本は、2022年にNHK総合テレビで放送された、廣瀬智美アナウンサーが聴き手の「インタビューここから　音楽家・小室哲哉」をもとに、計10時間に及ぶ追加インタビューと取材を重ね、書き下ろしたものである。

「インタビューここから」は、様々な分野の第一線で活躍する人物の「原点」を訪ね、その仕事や人生について掘り下げるインタビューシリーズだ。小室哲哉から「音楽家としての原点」と「仕事論」を聞き出したい――10代の頃に彼が生み出すサウンドに衝撃を受け、「プロデューサー」という職業を知った僕にとって、この番組の制作は念願だった。

小室は聴き手の廣瀬アナウンサーへ、真摯に、そして時に少年のように、人生の転機やヒット曲に込めた思いを語ってくれた。その内容は、音楽家としての熱量とプロ意識、音楽プロデューサーとしての分析と戦略にあふれたものだった。廣瀬アナとのインタビューを通して、小室自身も「自分にとっても何処かで封印してきた想いや、記憶の端々が蘇ってきた。何を大切にしてきたか、誰に届けようとしてきたか、そんなことも見えてきた」と手応えを感じていた。

番組は好評を博し、チーフ・プロデューサーとして満足のいく内容だったが、一方で「もっと詳しく聞きたい」「さらに深掘りしたい」という気持ちがふつふつと湧き上がった。その思いがこの書籍を作るきっかけとなった。

取材はまず、作詞・作曲・編曲・プロデュースを幅広く手掛ける小室の「異才」がどう培われたのかを本人の言葉を頼りに紐解くことから始まった。自身の音楽的地位を決定づけた1994年から1997年の4年間に送り出したミリオンセラー20曲を中心に、アーティストの才能をいかにして発掘し、開花させたのか。そのプロデュースおよび楽曲制作の舞台裏に迫った。

さらに、昭和・平成・令和という3つの時代を、どんな思いで駆け抜けたのか。「時代の寵児」に駆け上がる前夜から、絶頂を極めた時期、そしてその後、紆余曲折を経た時期をどんな思いで過ごしていたのかも、率直に聞いた。

小室哲哉が日本の音楽業界に刻んだ功績は、大きく3つあると考えている。

まず「プロデューサー」という仕事を、世に広く浸透させたことだ。

プロデューサーは、企画立案にはじまり、曲づくり、広告宣伝、プロモーション活動などプロジェクト全体に関わり、統括する。小室の登場以前にも、もちろん音楽業界にプロデューサーは存在していたが、あくまで裏方であり、脚光を浴びることは少なかった。また社会において、プロデューサーという職業そのものが、テレビなどエンターテインメント業界で決定権を持つ人といった程度の漠然としたイメージにとどまっていた。

しかし、小室は、そんな「影の存在」を一変させた。裏方にとどまらず、表舞台に上がり、自らの言葉で企画やプロジェクトの意図を語り、仕事を進めていった。またアーティスト・歌手に帯同し、時には一緒のステージにも立った。そして、それまで無名に近かった歌手やアイドル、音楽とは異なるジャンルのお笑い芸人でさえも、一躍スターダムに押し上げた。

小室のディレクションが組織を動かし、彼の直感が形となって社会現象になっていくプロセスは、当時の若者たちに大きなインパクトを与えた。

「プロデューサーってカッコいい仕事だ」――小室の仕掛ける作戦に夢中になった若者たちの中には、「プロデューサー」を憧れの職業に昇華させた者も少なくないだろう。当時のインタビューで小室は「プロデューサーという仕事をもっと広めたい。社会的に認知させたいんだ」とはっきり語っている。

プロデューサー・小室哲哉の出現以降、「企画・プロデュース」「ボカロP」など、新しいプロデューサー像が音楽を中心に、映画や演劇、テレビといったエンターテインメント分野に次々と誕生した。

また、仕組み化された組織の中でどう動けばいいのかを考えるのではなく、仕組みそのものを設計するというプロデューサー的視点は、多角的な視点・視野・視座をもち、新しいビジネスや働き方を自ら切り開いていく「起業家」にも通じるところがある。

さらに、いい製品やサービスを作るかだけでなく、いかに生活者やユーザーに届けるかまで考える視点は、「マーケッター」にも近いと言える。

その意味で、小室哲哉の登場は、その後の日本に次々と生まれるベンチャー起業家やマーケッターたちに大きな影響を与えたと言っても過言ではないだろう。

次に、シンセサイザーを駆使したダンスミュージックで日本の音楽シーンに「新たなジャンル」を確立させたことである。

これは、1994年から1997年の4年間に打ち出した小室哲哉プロデュースの20曲のミリオンセラーに代表される功績をさす。それまで日本のヒットチャートは、ロックと歌謡曲ジャンルばかりだったが、小室はまだ新興のレコード会社だったエイベックスとタッグを組み、ボーカル＋DJ＋ダンサーで構成される「trf」を投入。世界のヒットの中心にあったダンスミュージックを日本式にアレンジし、音楽シーンに投げかけ、ヒットチャートを次々と塗り替えていった。

新人アーティストであるtrfと新興のレコード会社エイベックスが、業界の常識を一気に塗り替えていく様は、まさに音楽業界に突如巻き起こったイノベーションであり、次の時代を作ろうと立ち上がった若者たちによるドキュメンタリー映画を観ているようであった。

「僕は、J－POPというものを作りにいこうと思っていた」

昭和の歌謡界を代表する作曲家・筒美京平が「時代が自分の曲を、音楽を選んでくれた」という表現をしていたことを引き合いに、小室に「時代を作りにいったのか」と尋ねると、はっきりとこう答えた。

小室がシンセサイザーでTM NETWORKやプロデュースしたアーティストたちと築き上げた「ダンスミュージック」および「四つ打ち」の系譜は、J－POPの歴史を紐解くひとつの起点になっている。

小室がYAMAHAと共同で開発したシンセサイザー「EOS」を弾いて育ち「ももいろクローバーZ」をヒットさせたヒャダインや「Perfume」「きゃりーぱみゅぱみゅ」「UTA（Ado）」などを大ヒットに導いた中田ヤスタカ。そしてK－POPを代表する「TWICE」「NiziU」を生み出したJ.Y.Parkなど、多くのミュージシャン、音楽プロデューサーたちが、小室のダンス・ミュージックを聴いて育ち、平成・令和を代表するアーティストを国内外で次々と手掛けている。

2023年、71歳でこの世を去った音楽家で元YMOの坂本龍一も、小室の才能を認めたひとりだ。1995年当時、テレビ番組で小室と対談した坂本は、小室の音楽について「メロディー・ライン、転調、アレンジ、ビート感を含めて、日本人の耳を教育してしまったところがある」と独自の表現で最大級の評価をし、楽曲の共作やライブでの共演も果たしている。

最後は、小室がここまでに列挙した数々の功績を「たったひとり」で生み出したことである。楽曲は通常、プロデューサーを起点に、作詞家・作曲家・編曲家といった各分野を専門とする多数のクリエーターとともに作り上げられるが、小室はそのすべてを一手に引き受ける制作体制をとった。

作詞・作曲・編曲をいわば「一気通貫」で手掛けることで、メロディーやサウンド、詞に「小室哲哉」という作家性を刻み込む。そして、その楽曲をどうリスナーに届けるか、ビジュアル面や、プロモーション方法、ライブ演出に至るまでプロデュースした。その領域は細部にまで至り、たとえばジャケット写真の選定だけでなく、ユニット名や楽曲の大文字・小文字の配列、フォントのデザインなどにも及んだ。

こうした「オールインワン」のプロデュース手法で、ヒット曲を量産した例は、世界的に見ても類がないと言われている。

本書はまず、第一章を「原点」とし、音楽プロデューサーを志した少年時代から、TM NETWORKとしてのデビューを経て、夢へと駆け上がっていく過程を描いた。続く第二章では、音楽プロデューサーとして「飛躍」した1994年から97年の4年に手がけたミリオンセラーの楽曲秘話をまとめた。そして第三章は「現在」として、引退を経て、2021年に音楽活動に復帰した理由や、最新の音楽制作、これから見据える音楽の未来について取材。最後は、小室自身が考える音楽の本質について聞いた。この構成は、図らずも、昭和・平成・令和という3つの時代を描く章立てになっている。

この本を通して、小室哲哉の足跡をたどることは、90年代という時代を振り返るだけでなく、同時に現代における音楽やカルチャー、テクノロジーの進化と、ヒットの変遷を再認識することにもつながっていく。小室のプロデュースに対する考えや取り組みには、大衆の心をつかみ、動かすという意味において、時代や音楽というジャンルを超えた普遍性がある。それは何がヒットし、何が人の心をつかむのかが、わかりにくくなっている不確実性の高い現代だからこそ、再確認すべき価値があると考える。

小室哲哉は、つねづねこう語っている。

「記憶と記録の2つが大切なんです。そのどちらかではダメなんです」

小室がつづった記録ずくめの楽曲たちと、その楽曲を受け取った僕たちの記憶。双方が重なりあった先に、「語り継がれる歌」が存在する。

本書を、これまで小室哲哉の音楽に魅了されてきた人だけでなく、これから小室哲哉の音楽を聴こうとする人たちにも届けられたら、この上ない喜びである。

第一章

原点

音楽プロデューサーになりたい

1974-1993

洋楽少年を釘付けにした「プロデュース・システム」

小室哲哉は、音楽家としてのキャリアをＴＭ ＮＥＴＷＯＲＫのメンバーとしてスタートさせる。１９８４年のデビューからおよそ10年間は自らアーティストとしてステージに立ち、プロデューサーとして本格始動したのは90年代に入ってからだ。

その転身に周囲は驚いたが、小室にとっては「必然」だった。

なぜなら「プロデューサー」という存在は、少年時代からの夢そのものだったからだ。

小室の音楽的原点は、幼年期までさかのぼる。

１９５８年に生まれた小室は、３歳から東京藝術大学の教授の下でバイオリンを習い、音感の基礎を学んだ。鍵盤楽器に出合ったのは12歳の時。グループ・サウンズに似せた音楽を楽しんでいた親戚を経由して手に入れたエレクトーンだった。小室はそれを見よう見まねで演奏。母より先にコードを覚え、周囲を驚かせたという。

１９７０年。小室は、父と祖母と一緒に訪れた大阪万博で衝撃を受ける。東芝ＩＨＩ館「グローバルビジョン」にて上映された映像「光と人間たち」だ。音楽を担当したのは、作曲家・冨田勲。当時、ＮＨＫの番組やアニメ、映画などで多くの楽曲を手掛けていた冨田は、大阪万博に前後してシンセサイザーと出会い、その世界にのめり込んだ。以降、シンセサイザー音楽の第一人者として、数々の電子音楽を生み出し名を馳せていく。そんな「トミタ・サウンド」に魅了された小室は、シンセサイザーが生み出す表現の広がりに強い関心を抱き、以来、エレクトーンで自分の好きなフレーズを作曲しはじめる。

中学生になると、T・レックスのアルバム『ザ・スライダー』がきっかけで洋楽に出合った。当時、小室は放送部の部長を務め、昼の時間に井上陽水や吉田拓郎、チューリップ、甲斐バンドなどの日本のフォークやポップスの合間、レッド・ツェッペリン、ディープ・パープルの楽曲を流した。イギリスのプログレッシブ・ロックバンドのエマーソン・レイク・アンド・パーマー（ELP）を知ったのも、この頃だった。とりわけキーボードのキース・エマーソンに魅了され、シンセサイザーとロックがつながることを体感する。

1974年、早稲田実業学校高等部に進学した小室は、新宿のレコード店やロック喫茶に毎日のように入り浸った。よく通ったレコード店は「ESP」や「ディスクユニオン」。新宿伊勢丹横のビルに入っていた「怪人二十面相」というロック喫茶を特に覚えているという。プログレッシブ・ロックやファンク・ロックの洋楽ジャンルを中心に、ELPだけでなく、ピンク・フロイド、キング・クリムゾン、ユーライア・ヒープ、コモドアーズ、クール・アンド・ザ・ギャング、アース・ウインド＆ファイアー、ドナ・サマー、イエスなどの楽曲をかたっぱしから聴き込んだ。また、洋楽レコード会社にアルバイトとして加わり、ラジオ局に流してもらう楽曲のリクエストハガキを書き、そのお礼として洋楽のアルバムをもらうといった音楽漬けの日々を過ごしていた。

この年に冨田勲が発表した『月の光』に、小室はまたも衝撃を受ける。ドビュッシーの作品を取り上げたこのアルバムは、バイオリンやチェロなどの音色をシンセサイザーに置き換えて多重録音したもので、世界的なヒットを記録した。

「僕にとってシンセサイザーの決定版というべきアルバム。オーケストラのようなスケール感に圧倒されると同時に、シンセサイザー独特の音階の滑らかな上がり下がりは、幻想的な風景の流れを思わせてくれた」と小室は語る。

このアルバムをきっかけに、小室は、シンセサイザーを自在に使いこなせるようになりたいと決意する。

そして翌年の秋、高校2年生になると大胆な行動に出る。自宅のエレクトーンを家族に黙って売り、当時16万円以上したローランドのシンセサイザー「SH－1000」を購入したのだ。家族からは当然叱られたが、シンセサイザーこそ自分が進むべき道と確信した小室は、本格的にシンセサイザーを使ったオリジナル楽曲の作曲にのめり込んでいく。

小室は、この頃の自分を「ロックおたくの極み」だったと振り返る。多感なハイティーンの時代、小室は「プロデューサー」を夢見るきっかけを洋楽からつかみとっていた。

小室　僕はもともと洋楽が大好きで、高校時代はとにかく聴き込んでいました。70年代の洋楽をご存じの方はおわかりかと思うんですけど、入り口はメロディーの美しさだったり、歌声や演奏の素晴らしさだったんです。でも、僕は次第に「洋楽でヒットが生み出されるシステム」というものに興味を持つようになっていったんです。

いろいろ調べていくと、アメリカやイギリスの音楽業界では、アーティストが成功するにはまず優秀な「マネージャー」を見つけることが鉄則とされていた。そして、それよりもさらに重要なのが「いいプロデューサーと出会うこと」だと知ったんです。成功するアーティストは、必ずと言っていいほど優秀なプロデューサーと組んでいる。

それを意識しはじめた高校生の僕は、次第に「プロデューサーの名前」でレコードを買うようになりました。もう挙げたらきりがないぐらい。「新人でまったく聞いたことないけど、このプロデューサーが手がけているのなら」みたいな感じですね。

憧れたのは、有名なところでいくと、クインシー・ジョーンズとか、デイヴィッド・フォスターですね。あのマイケル・ジャクソンという天才でさえ、クインシー・ジョーンズという存在がいなければ『スリラー』みたいな楽曲は作れなかったんです。

クインシー・ジョーンズで、皆さんがイメージしやすいのは1985年の『We Are The World』でしょうか。アフリカの飢餓救済のため、マイケル・ジャクソン、スティーヴィー・ワンダー、ライオネル・リッチーなどスーパースターが一堂に会し、全世界で大ヒットしたチャリティーソングです。

マイケル・ジャクソンとライオネル・リッチーが共同で曲を書いているし、ミュージックビデオを観ても中心にいるのはマイケル・ジャクソンなんだけど、やっぱり細かく指示を出しているのは、プロデューサーのクインシー・ジョーンズなんですよね。目立つわけではないし、スポットライトが当たることもないんだけど、見る人が見るとキラッと光っている。そんな「裏方的なかっこよさ」にいつしか憧れるようになったんです。

クインシー・ジョーンズの場合は、名だたるスターをひとつにまとめ上げたわけですけど、10代の僕にとって衝撃的だったのはトッド・ラングレンですね。彼自身、いまも活躍する有名アーティストですが、プロデューサーとしても敏腕です。

「グランド・ファンク・レイルロード」って3人組のバンドがいて、そこそこ売れていたんだけど、いつしか落ち目になっていた。そこで、トッドをプロデューサーに起用してみようとなって、1973年に『We're An American Band』っていう曲を一緒に作るんです。

そうしたら、ドカンと売れてビルボードで初登場1位を獲ってしまった。

楽曲は、まさにトッド・ラングレンの世界でね。彼ならではの色、彼ならではの音だった。歌詞から何から、もう何もかも。それを聴いて「やっぱりプロデューサーってすごい！」って思ったんです。もう終わりだと思われていたバンドも、プロデューサー次第で再び輝きを取り戻すことができる。ヒットチャートのトップに返り咲くことだってできる。そのことが無性にうれしかったというか、興奮しましたね。

イギリスのトレヴァー・ホーンっていうプロデューサーもすごい。ちょっと懐かしいけど「t.A.T.u.」（タトゥー）っていうロシアの女の子の2人組がいましたよね。お騒がせキャラで有名になっちゃった2人ですが、全世界でとてつもなく売れた。アナーキーさも人気の理由でしたけど、音はトレヴァー・ホーンそのものです。ちなみにトレヴァー・ホーンは「イエス」っていうグループをやっていて、最初はボーカルだったんだけど、途中からプロデュースに回って、『Owner of a Lonely Heart』っていう曲をプロデュースしたんです。それまでイエスはどちらかといえばマニアックな存在だったんですけど、彼が手掛けたら全米チャートで1位を獲ってしまった。

いいプロデューサーが手掛けると、素材がより光るっていう感覚ですかね。アーティストの元々の能力や才能を最大限引き出すという。輝きを失ったアーティストをもう一度輝かせたりだとか、それまで誰も見つけられなかった原石を、ちょっとしたことで光らせたり。アーティストがイメージしていることを「こういうことじゃないかな?」とヒントをあげて形にしたり、あと、創作活動のベースとなる基本的な部分を整えておいてあげるとか。さらに、作詞・作曲・編曲についてもです。そのプロデューサーが手掛けたら、楽曲の妙というか、フックになる音や展開があったりして、それをきっかけに「なにこの曲」って思った人たちの波が一斉にぐわっと動くようなダイナミズムを感じたんですよね。そんな音を作る「錬金術師」がプロデューサーなんだな、と。僕の中で、そんなプロデューサーへの憧れが、大きくなっていったんですよね。

僕はもともと、ステージのセンターに立つのは得意じゃなかったんです。思えば幼稚園の頃から真ん中は苦手だった。端っことか、ななめ後ろ、もしくは見えないくらいの場所のほうが心地良くて、そこが自分の立ち位置だと思っていたんです。スタジオにいても、何かそういう感じでね。だからなのか、ミュージシャンとしてデビューする前から「いつかはプロデューサーを」と強く意識していました。

それもあって、1984年、TM NETWORKのデビューアルバム『RAINBOW

RAINBOW』のジャケットの裏側に「produced by TETSUYA KOMURO」と入れさせてほしいってお願いしたんですよ。クレジットを入れてほしいって。

デビューほやほやで、たいしたスキルは持ち合わせていなかった。このアルバムは、売れるものを手掛けてきたベテランのディレクターやプロデューサーに怒られ怒られ作っていたんですけど、それでも自分の名前を記しておきたかったんです。

当時、プロデューサーっていうのは、たいていレコード会社の管理職の方がやるものでした。社内では制作部長というような立派な肩書がある方が決定権を持って、アーティストを引っ張っていくのが普通でした。なのに僕は「こうしたら僕たちの音楽がもっと届くんじゃないか」って、アイデアを出しまくっていたんです。TMの世界観を自分が作りあげていくんだっていう自負が、まだ何もできないなりにあったんです。

まぁ、アイデアを出すだけですから、いま思えば「プロデュース」っていうにはほど遠いんですけど…。それでも「ここから始まるんだ」「いつかはやってやる」という1984年時点での「決意表明」というか、強い思いがあったんです。

「空席を探す」という発想

自分が関わることで、相手が変わる——。そんな影響を及ぼせる音楽家になりたいと、デビュー時点から小室は未来の理想像を思い描いていた。

TM NETWORKは、ボーカルの宇都宮隆、ギター・ピアノの木根尚登、そしてシンセサイザー・キーボードを担当する小室哲哉の3人からなるユニットである。

当時、TMのプロデューサーは、所属レコード会社「EPICソニー（現EPIC

TM NETWORK
『RAINBOW RAINBOW』

Records Japan)」の小坂洋二だった。

ＥＰＩＣソニーは１９７８年に創立したばかりだった。ＣＢＳ・ソニー（現ソニー・ミュージックエンタテインメント）が成功を収めたことで作られた、邦楽と洋楽のロックを専門に扱う新興勢力だ。そのため、スタッフも映画業界からファッション業界、自衛隊出身者まで異業種からの才能が集められた。そのひとりが小坂だった。

小坂は、１９４８年、兵庫県神戸市に生まれた。老舗芸能事務所の渡辺プロダクション（現ワタナベエンターテインメント）を経て入社。佐野元春を皮切りに、大江千里、渡辺美里、岡村靖幸らを手掛け、80年代に一時代を築く名物プロデューサーである。

当時、小坂はテレビやラジオなどのメディアをほとんど使わずに、佐野元春を世に送り出すことに成功していた。日本語の歌詞を、ロックのビートやリズムに巧みに乗せる佐野の『SOMEDAY』をヒットさせ注目を集める小坂。そんな10歳上の人物に対し、まったくの新人である小室は、ジャケットのデザインやアルバムのプロモーションなどについて次々とアイデアを出したという。

シンセサイザーという新しい楽器を使って、新しい感性を届ける音楽に挑戦したい。そのためには、単なるアーティストの枠を超えたプロデュース領域にチャレンジしていきたいんです――小室はそう訴えた。

TMにかける小室の強い思いは、デビュー前から際立っていた。

まずTMを「バンド編成」ではなく「3人組の音楽ユニット」とコンセプト設定する。一般的にロックバンドといえば、ボーカル、ギター、ベース、ドラム、キーボードなどからなる4人組、5人組が主流だ。しかし、小室はそうしなかった。

小室は、早稲田実業から早稲田大学に進学すると、デビューを目指して「ギズモ」「STAY」「イラプション」などのバンドを経験するとともに、キーボード奏者として、村田和人や白竜など、様々な歌手のバックバンドで活動した。1980年には、宇都宮・木根が他のメンバーと組んでいたバンド「SPEEDWAY」に参加。しかし、ヒットには恵まれず、忸怩《じくじ》たる思いを抱えていたという。

一方、その頃、音楽シーンでは「3人組」が注目を集めていた。アリスが1981年に活動停止を発表。坂本龍一、細野晴臣、高橋幸宏によるYMOも1983年に「散開」を宣言。こうした中、桜井賢、坂崎幸之助、高見沢俊彦によるTHE ALFEEが、1983年6月に発表したシングル『メリーアン』でブレイクを果たした。

当時25歳を迎える小室は、次のアクションがラストチャンスと考えていた。年齢的に追い込まれた状況下で閃《ひらめ》いたのが「3人組」というキーワードだった。

次に小室は、レコード会社にTMを注目してもらうため、ある作戦を決行する。

いまなら自作曲をインターネットで配信したり、レコード会社には所属せず自身で販売するインディーズ方式など、デビューの道は多様化している。しかし1980年代は、大手レコード会社に認めてもらう以外、可能性はなかった。そのためには、音楽コンテストで注目されたり、音楽雑誌や関係者など有力筋からレコード会社のスタッフを紹介してもらわなければならない。ライブ会場やスタジオで出会うすべてのアマチュアバンドがライバルの中、とにかくまずはレコード会社の目にとまらなければ話にならない。

そこで小室がとった戦略は、録音したカセットテープをレコード会社や音楽事務所に郵送することだった。カセットには、小室が作曲した『1974』と、木根が作曲した『パノラマジック』の2曲を録音。一見すると「当たり前の手法」に思えるが、そこに小室はひと仕掛けを加える。そのカセットに《TM NETWORK『1974』『パノラマジック』》という文字、そして自宅の電話番号しか書かなかったのである。

通常、レコード会社や音楽事務所に売り込む場合は、カセットにメンバー構成やプロフィール、顔写真などを同封するものだ。ところが、小室はあえてそれをしなかった。匿名性を高めることによって、純粋に音楽だけで評価を受け、「一体何者なのか」と興味を引こうと考えたのだ。
その結果、一週間も経たないうちに、小室の自宅に次々と電話がかかってくるようになった。その中には、後に中村あゆみの『翼の折れたエンジェル』をヒットさせることになる作曲家兼プロデューサーの高橋研や、山下達郎とともにアルファ・ムーンを設立した小杉理宇造など、錚々《そうそう》たるメンバーの名前もあったという。

1983年8月。こうした戦略の末に、TMは若手歌手・バンドの登竜門とされた「第7回フレッシュ・サウンズ・コンテスト」において、満票でグランプリを受賞する。会場の東京・中野サンプラザに響き渡ったのは、カセットに録音されていた『1974』だった。これがきっかけとなり、TMは「EPICソニー」と正式に契約を結び、メジャーデビューを勝ち取ることになる。

小室　僕のプロデュース人生というか、音楽家としての人生は「とにかくどこかに隙間を見つけて入り込もう」っていうささやかな思いからスタートしているんです。言ってみれば「生存戦略」です。TMもどうやったらデビューできるかと考えて、YMOが散開して3人組シンセユニットが〝空席〟になったので、いけると思ったところがあったんです。

レコード会社にカセットテープを送る作戦は僕が考えたんですが、そのきっかけは小坂さんのある言葉でした。「この業界を騒がせて来てほしい」っていう。

当時「Player」という音楽雑誌の編集部によく遊びに行ってて、そこで平山雄一さんという音楽評論家に出会うんですね。同じ多摩つながりということでよく話をするようになるんですが、その平山さんを通じて、「Player」の編集長にデモテープを渡してもらい、そこから小坂さんに届けてもらったのがきっかけなんです。

デモテープには、たしか4、5曲くらい入れていたんだけど、全部インストゥルメンタルだったんですね。ボーカルは入っていない。そうしたら、小坂さんから連絡があって、「レーベルとしては歌詞がない音楽を扱うことはできないけれど、歌が乗ったら可能性がある」って言ってもらったんですね。それで、1か月待ってくださいと言って、ウツ（宇都宮隆）と木根さんを説得して、連れていったんです。

それで、小坂さんたちとやりとりを重ねていく中で、あの発言が出ると。要は、コンテストで優勝するとか、各レコード会社で争奪戦になることをやってくれと。それで、僕が練ったのが、曲名だけを書いたデモテープを送るということだったんですね。

『1974』は、僕が大好きだった映画『未知との遭遇』に出てくる交信音をリフの音のモチーフにしているし、『パノラマジック』は木根さんの曲なんだけど、タイトルは僕が考えて、パノラマとマジックの造語ってことで、どちらもSFな感じを出したんですよね。自然界には存在しないシンセサイザーの音色を駆使して勝負していますとか、本当ならそういう解説やユニット名の由来なんかも書いて送ったりするんでしょうけど、それはしなかった。「謎めいた」というコンセプトを大事にしたかったんです。

小坂さんは、僕のそういうところも含めて認めてくれたんじゃないかと思うんです。当時、小坂さんからは、売れるためには、先見の明、情報収集と分析、マーケティング、実行力、オリジナリティの5つが必要だと聞かされていて、もちろん楽曲がいいことは大前提なんですけど、自分たちの音楽だけを追求するのではなく、売れることを意識しないと、次の作品を出すこともできなくなるんだって身をもって感じさせられましたね。

あれから40年、TMではいまでも「produced by TETSUYA KOMURO」を貫いてますけど、それができたのは、やっぱりデビューの時の強い気持ちと小坂さんのアドバイスがあったからだと思います。

「どうしてあの時、そこまでこだわったんだろう」といまになって振り返ってみると、ちょっと気づいたことがあったんです。

それは、デビュー当時から、僕の中に「シンガーソングライター」みたいな概念がまったくなかったってことなんですよ。もちろん作詞も作曲もやるし、コーラスもやるし、ソロで歌ったこともある。でも、僕には圧倒的に足りないものがあるって感じるんです。それは「自分自身を歌う」ということ。

「僕はこんな人間です」「こんな恋をしました」「こんな青春駆け抜けました」みたいなことを歌にしていったら、「次どうするんだろう」って。2枚目、3枚目のアルバムまでもつのかな、3年、5年、10年って続けられるのかなって。

20歳そこそこでデビューしたとして、最初のアルバムはそれまでの20年間の想いを詰め込むことができる。でも、2枚目を半年後に出そうとなったら、当然半年しか経っていないわけで。半年間のストックじゃ、曲書けないよっていうか。

いろいろな気持ちを先までとっておけばいいのかもしれないけど、僕にはそこまで自分を露呈するっていうか、心底その時思ってることを言葉で歌にして届けるっていうのはできそうにないなと。自分を裸にして見せてしまうことが、ちょっと苦手だと思っちゃったんですよね。自分自身を熱っぽく表現するには向いていない、なんだかいつも冷めている自分がいるんですよね。別の言葉で言うと、俯瞰《ふかん》しているというか。

だからこそ、シンガーソングライターというよりは、プロデューサーですよね。いい素材、光るものを持っている人を見つけて、その人の役に立ちたいな、役に立つ立場になりたいなっていう気持ちが、自分がステージに立ちながらも膨らんでいったんです。

岡田有希子への楽曲提供

自らの音楽性を世の中に認めてもらいたいというアーティストとしての思い。その先に見据える「produced by TETSUYA KOMURO」を実現させるというプロデューサーとしての思い。この2つの思いを乗せてデビューしたＴＭ ＮＥＴＷＯＲＫ。

ところが、その思惑とは裏腹に、ＴＭはしばらくヒットに恵まれなかった。デビューシングル『金曜日のライオン』、2枚目の『1974』、3枚目の『アクシデント』とリリースを重ねるが、ヒットチャートは上昇に転じない。

そんな中、小室に「本業」以外のところでチャンスが訪れる。その作曲能力が、ポニーキャニオンのプロデューサー・渡邉有三の目にとまったのだ。

渡邉は、1960年代に加山雄三のバックバンド「ザ・ランチャーズ」のベーシストとして活躍。1971年の解散後に、キャニオン・レコード（現ポニーキャニオン）に入社。制作ディレクターとして、うしろ髪ひかれ隊、岩崎良美、西田ひかる、堀ちえみ、工藤静香、上戸彩ら人気アイドルから、森光子や竹内まりや、中島みゆき、山本リンダら大物まで手掛け、後にポニーキャニオンの常務取締役を務める音楽界の重鎮となる人物だった。

渡邉は、当時「ユッコ」の愛称で人気だったアイドル・岡田有希子の楽曲に小室を抜擢。

2曲を岡田の3枚目のアルバム『十月の人魚』に収録する。

楽曲のタイトルは『Sweet Planet』と『水色プリンセス－水の精－』。小室にとって初の楽曲提供となったこの2曲は、アルバムの1曲目と、最後を締める10曲目という好位置で収録され、1985年9月、世に送り出されることになる。


小室　渡邉有三さんと岡田有希子さんは、貴重な経験を与えてくれました。

なぜ渡邉さんが僕を見つけてくれたのか――。たしか、作詞家の三浦徳子さんが彼に薦めてくれたんです。三浦さん経由で、僕のデモテープが手元に届いて、聴いてみたら音が新鮮で気になった、と。それでスタジオに呼んでくれたんです。

岡田有希子さんには、4曲作ったと思います。いまでも鮮明に覚えているんですが、渡邉さんに4曲入ったテープを渡すと、こんなことを仰《おつしや》った。

「僕、カーステレオで聴かないと判断できないんだよね。ちょっと待ってて」

渡邉さんは、そう言って駐車場に消えていった。だから僕はスタジオの機材室みたいなところで待っているしかなくて。そうしたらしばらくして戻ってきて、「いいね！」って言ってくださったんです。「2ついいですね、やらせていただきます」ってその場で2曲採用になった。「あ、僕の曲使ってもらえるんだ」「ちょっとは役に立ったんだ」みたいな感覚で、体が熱くなりました。

ただ、僕の仕事はここで終わり。あくまでも依頼は楽曲提供のみで、その先のアレンジだったり、レコーディングに関わることはありません。岡田有希子さんに会うこともない。だから、完成した曲を聴くのは、アルバムができあがってからだったんです。

で、できあがった曲を聴いて驚いた。当時、岡田有希子さんの編曲や音のプロデュースは松任谷正隆さんが手掛けておられたんですが、それがもう素晴らしくて、素晴らしくて。もちろん自分が作った曲なんですけど、あのデモテープが、こんな素敵な作品になっちゃうんだっていう。

渡邉さんが車の中で聴くと言っていたのを思い出して、僕もカーステレオで聴いたんです。場所は横須賀の観音崎だったかな。雨の中だったのは、忘れもしない記憶です。

それでテープを再生したら「これはマジックだ、すごいな」って驚くと同時に、ちょっと愕然《がくぜん》としたんです。落ち込んだってわけじゃないんですけど「やっぱり超一流のプロって違う」「こんなふうに編曲するんだ」って。強く感じたのは「この仕事はまだ自分にはできない。トップクラスの音楽家との間には途方もない距離がある」ってことでしたね。

僕が提供した2曲が入った岡田有希子さんのアルバム『十月の人魚』って、坂本龍一さんが『くちびるＮｅｔｗｏｒｋ』というシングル曲を手掛けられていて、ほかにも、竹内まりやさん、財津和夫さん、尾崎亜美さん、ムーンライダーズのかしぶち哲郎さんも楽曲提供されていた。錚々たる実力派のメロディーメーカーが並んでいて、そこに名前を連ねることができたのは光栄で、しかもアルバムのオープニングとラストで使われた。ほぼ新人だった自分の曲が、アルバムの重要な位置で使われたのはうれしかった。

ずいぶん後になってからですけど、レコーディングの時に「小室哲哉っていうのは今後とんでもないことになるね」とスタッフの間で話題になって曲順が決まったとか、松任谷正隆さんが「これ作ったの誰？　すごいね」って感心してくださったと知ったんですね。それがきっかけで、松任谷さんが奥様のユーミン（松任谷由実）に、僕のことを話してくれたそうです。

ただ、アルバムを最初に聴いた時は、ショックのほうが大きかった。数々の「巨匠」や「大御所」がいる中で、今後、新人の僕が認めてもらって、本当の意味でのプロデュースまで行き着くには、相当の積み重ねが必要なんだって思い知ったんです。

アイドルと歌謡曲となると、松田聖子さんの楽曲なんて最高峰ですよね。作詞家・作曲家も時代のトップ、演奏でも凄腕のスタジオミュージシャンたちが、思いきり自分のすべてを出し切ってすごい楽曲に仕上げている。
　そこに行き着くには、こんなところで満足していてはいけないとも思いました。

マイ・レボリューション

　音楽プロデューサー・小室哲哉の原点となった岡田有希子への楽曲提供。すると、小室哲哉に大きな転機が訪れる。ＴＭ ＮＥＴＷＯＲＫと同じＥＰＩＣソニーに在籍していた渡辺美里への楽曲提供が、小坂から提案されたのだ。この時、小室が作曲したのが、名曲『My Revolution』である。
　１９８６年1月22日、渡辺美里の4枚目のシングルとして発表された『My Revolution』は、ＴＢＳ系のドラマ「セーラー服通り」の主題歌としてヒット。オリコンチャート１位を獲得すると同時に、70万枚以上を売り上げ、年間シングルチャートで5位を記録。第28回日本レコード大賞で金賞を受賞した。音楽プロデューサーを目指す小室は、まず作曲家として一目置かれる存在になっていく。

小室　僕の転機は、やっぱり渡辺美里さんですよね。

ＴＭの３枚目のアルバムを制作するタイミングでした。その頃って「３枚目までに売れなかったら終わり」というムードが音楽業界にあって、追い込まれていたんです。小坂さんからも、「てっちゃん、次で売れなかったら、ＴＭは解散だ」って言われて大変なことになったなと。そんな時に小坂さんから提案されたのが、美里さんの曲を作らないかということでした。もちろん、すぐに曲を作ってスタジオに行きましたよ。

『My Revolution』では、作曲した僕も評価して頂けましたが、それだけでなく関わった皆さんが素晴らしかった。この時も、仕上がった曲を聴いて「あのデモテープがこんな曲に！」と驚きました。

あの印象的なイントロの弾むようなメロディーは、編曲の大村雅朗さんの歴史に残る仕事ですし、詞を書かれた川村真澄さんの才能もほとばしっている。そして何より、美里さんの歌唱力です。フレッシュさ、透明感と、「この人は何か持っているな」と感じさせる存在感が共存している。それは当時のヒットチャートにはなかったものでした。

それらがあったからこそ、僕の作曲も最大限の評価をして頂けた。雑誌か何かで「いままでの歌謡曲にはない、新しいタイプの作曲家が出てきた」という内容の記事を見つけて。うれしくて、僕はそれを何度も何度も読んで、「やったぁ」と喜んでいましたね。

美里さんはＴＭとレーベルが一緒だったこともあって、それまでの楽曲提供より、距離

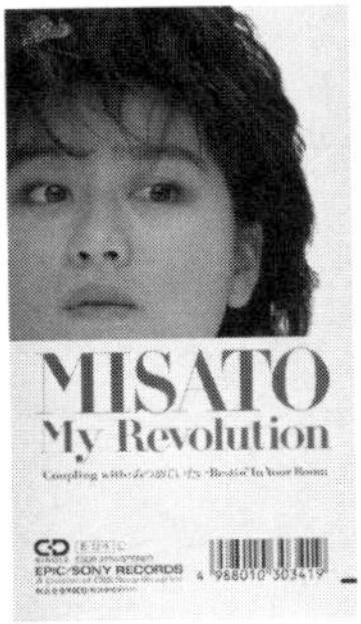

渡辺美里
『My Revolution』

感が近くて、コミュニケーションが取りやすかったのも成功した一因かもしれません。とはいえ、やっぱり僕はまだヒットを出せていなかったから、スタッフからの信頼は得られていないし、そういう方々との距離もまだまだ大きかったんですよね。

だから、岡田有希子さんに楽曲を採用してもらって以降、いつ声がかかってもいいように準備していました。暇を見つけては、「まだ見ぬ誰か」に向けて楽曲を作っていたんです。歌い手のイメージなんてなくても、なんとなく女性アイドルが歌うんだったら――みたいな感じで曲を作って、ストックして引き出しを増やしておこうと思って。

本当だったら、TMの曲作りだけやってればいいのに、それとは別に常に10曲近くストックしていて、コンペの声がかかったら応募していたんですよね。『My Revolution』は、その地道な動きがちょっと実ったな、という感じもありました。

同時に、作曲に加えて編曲・アレンジのすごさも思い知らされたというか。

作曲家が作ったメロディーに前奏やリズム・伴奏をつけて、曲に仕上げるのがアレンジャーですけど、アレンジ次第で、楽曲はがらりと変わってしまう。メロディーを生かして、曲のイメージを膨らませて、楽器の種類なんかを決めていくわけですけど、どこにフォーカスをあてるかが重要なんですよ。イントロをどうしようか、ボーカルが際立つようにするかとかね。そう考えていくと、ほぼサウンドプロデュースの次元にいくんです。

たとえば、リフがリピートする。メロディーとは異なる旋律がループしていく。それが大きなうねりを生み出していく。ホールトーンっていうんですかね。僕が好きな教会音楽の影響があるのかもしれないですけど、そのあたりの感覚をつかめたというのが『My Revolution』でしたね。

言葉で表現するのはちょっと難しいんですけど、「このぐらい思い切って爪が引っかかるとヒット曲になるのか」という感覚をつかめた気がしました。

『My Revolution』のヒットという結果で、いい流れができました。中山美穂さんに書いた『JINGI・愛してもらいます』（1986年7月発表）も指名を頂いた。この頃から周りの人たちが僕の意見を聞いてくださったり、「他に曲ない？」と頼ってくれるようになり、いい循環が生まれてきたんです。いろいろなレコード会社のディレクターのリストに僕の名前が入って、「小室を使ってみるか」と思ってもらえる感じですね。

それで今度は「作曲だけじゃなくて、編曲、アレンジもやってほしい」という話になってきて。サウンドプロデュースという感じですかね。ステップがひとつ上がるというか。少しずつ本来目指していたプロデュース業に近づいていったんです。

そうすると、レコーディングに関わるスタッフを選べるようになるんですよ。つまり、ドラムからベース、ギターなどスタジオミュージシャンを決めなきゃいけない。

でも、僕は新人なので、結構茶化されてね。「小室くんは誰選ぶのかなぁ？」って、試されているんです。とても上から目線で指名なんてできません。「本当によろしくお願いします」という感じで、皆さんに譜面を配って回って頭を下げてやってましたね。

レコーディングでは「こんなこともやっていい？」って提案されたり、ミュージシャンとのやりとり自体が勉強になりました。「お願いします。その流れでぜひ」みたいなことを言って、皆さんに演奏してもらって、形になっていく。そのプロセスがすごくうれしかったですね。「なるほどこう言ったら、指示を聞いてくれるんだ…」みたいな経験とか、ちょっとずつスキルを積んでいけたんですね。

渡辺美里さんへの楽曲提供も続きました。思い出深いのが『My Revolution』の次に書かせてもらった『Teenage Walk』という曲です。

その時のオーダーが「『My Revolution』みたいな、いい曲、ヒットでお願いします」って感じで（笑）。レコード会社の社員であるプロデューサーさんとかディレクターさんから、オーダーされるので、当たり前だけどそういう言い方になっちゃうんです。大変ですけど、せっかくのオファーですからなんとか応えなくちゃいけない。

もともと、全日空のCMソングが前提で話が進んでいたんです。一度は別の作曲家の方に頼んだり、いろいろトライして、やっぱり何かしっくりこなくて「やっぱ、てっちゃんに頼むわ」みたいに言われて作ったんです。〆切も迫っていて、心の中では「ここで言うかぁ」って感じだったんですけど、結果的には『My Revolution』とはまったくベクトルの違うものを生み出せたんですね。

そうしたら、その『Teenage Walk』がまた世の中に広がっていってくれた。そうすると、業界の方たちが注目してくれて「選択肢が2つになってきた」とか「『My Revolution』風もいいけど、『Teenage Walk』風もいい」みたいになってきたんですね。少しずつ引き出しというかファイルみたいなものが増えた感じで、自信になっていきましたね。

この頃の僕は、テレビの音楽番組を見ても、曲名そっちのけで、その下に表示されている「作詞・作曲」の名前ばかりチェックしていました。「あぁ、後藤次利さんはそうくるのか」とか「細野晴臣さんはそうきたか」みたいに。

やっぱり細野さん、高橋幸宏さん、教授の元YMOの皆さんだったり、いまでも話題に上るような方々は、みんな他のアーティストに楽曲提供をしていましたからね。特に「作詞・松本隆　作曲・筒美京平」という黄金コンビの名前は輝いていた。いつか肩を並べられるように、というのもおこがましいけれど、そういう気持ちは強く持っていました。だけど、それはあくまでも夢であって、その頃の僕は歌手にも会えなかった。まだまだペーペーですから、ご本人に会って打ち合わせなんていうレベルじゃなかったんです。小泉今日子さん、中山美穂さん、いろんな人に書いてますけど、実は、まったく会えていない。レコード会社の方に曲を渡して、それが相手の事務所に届いてという感じで。

それでも、まず「作曲」という面で、小室哲哉という名前を知ってもらえた。それからサウンドプロデュースみたいなことを任せてもらえるようになった――。そういう流れの中で、やっぱり本業のTM NETWORKをどうにかしなきゃ、と考えていました。

まだ全然、TMは売れてなくて。もちろん、それなりに頑張ってましたけど、レコード会社から期待されるほどではなかった。でも『My Revolution』があったから、首の皮一枚つながっていたという、そんな状態だったんです。

TMがついにブレイク

海の向こうで、ブルース・スプリングスティーンの『BORN IN THE U.S.A.』が大ヒットした1984年以降、ヒットチャートを賑わすのは、男臭く、メッセージ性のあるロックや、熱いバンドサウンドの流れが強かった。その代表格が、浜田省吾の『J.BOY』や尾崎豊の『回帰線』である。一方で、TMのようなシンセサイザーサウンドは、ギターに比べて「弱い」と受け止められる傾向があったという。

それでも、TMにブレイクの兆しが見えはじめていた。1986年6月に発表した3枚目のアルバム『GORILLA』がオリコンチャート初登場12位を記録。そのアルバムを引っ提げて回った全国ライブツアーでも、ファンを地道に獲得していった。

1987年2月。ついに結果が数字となって表れ出す。4枚目のアルバム『Self Control』が、オリコンチャート初登場3位にランクインする。

アルバムのタイトル曲『Self Control』は、イントロからシンセサイザーのリフを前面に押し出し、疾走感とキャッチーなサビにこだわった。「これがラストチャンス」と覚悟した小室が、デビュー以来の集大成として「自分らしさ」を詰め込んだという。

TMはこの曲で、フジテレビ系の音楽番組「夜のヒットスタジオ」に初出演する。それがきっかけで、「TM NETWORK」の名が全国に知られ、人気に火が付いた。

そして4月。いまも歌い継がれるTMの代表曲が世に放たれる。『Get Wild』だ。

10枚目のシングル『Get Wild』は、読売テレビ・日本テレビ系のアニメ「シティーハンター」のエンディングテーマになる前提で作られた。「週刊少年ジャンプ」の人気連載のアニメ化である。小室は、作品が持つクールでハードボイルドな世界観を引き立たせようと、イントロを2段階にするドラマティックな構成を提案。そこに宇都宮隆のリズミカルなボーカルとユーロビートを意識したアレンジでたたみかける。その作戦が見事に的中し、TMは『Get Wild』で初めてオリコンチャートトップ10入りに成功する。

デビューから3年かかって、ついにトップアーティストの仲間入りを果たしたTMは、続く7月には『Self Control』『Get Wild』が収録された初のベストアルバム『Gift for

Fanks』でついにオリコンチャート初登場1位を獲得。11月にも5枚目のアルバム『humansystem』で初登場1位となった。

こうした一連のブレイクで、TMの存在は一気に知れ渡った。TBS系「ザ・ベストテン」、テレビ朝日系「ミュージックステーション」、NHK「ヤングスタジオ101」など全国放送の音楽番組に数多く出演。スタジオに、大型で大量のシンセサイザーを持ち込んで歌う独自のスタイルも話題を呼び、サウンド、ビジュアルともに斬新な印象をもってお茶の間に受け入れられていく。

1987年は、後に「初登場1位」を連発することになる音楽プロデューサー・小室哲哉にとって、記憶に残る年になった。

小室　TMで、オリコンチャート初登場1位。初めてトップに立ったというのは、忘れられない思い出ですね。それを「ベスト」と「オリジナル」の両方で獲れたというのがね。1987年という年は、僕にとって大きなステップアップでしたよね。

発売タイミングこそずれましたけど、『My Revolution』や『Teenage Walk』を作っていた頃、『Self Control』や『Get Wild』も、ほとんど同時期に進めていたんです。『Get Wild』は、昭和・平成・令和と時代を超える曲になって、その存在が一人歩きしちゃっている。「Get Wild」退勤とかね。もはや「人」みたいな曲ですよね。アレンジも含めて、どれだけ作ったかという感じで「ギネス世界記録」（※注「トップ100にチャートインしたCDアルバムに収録された同じ曲のバージョン／リミックスの最多数」認定数値：36曲、認定日：2017年4月5日）にも載ってしまったと。ありがたいです。

いま思うと、楽曲提供からTMにいい流れを持ってくることができた。マルチタスクではないですけれど、アイドル歌謡曲の楽曲提供でスタジオミュージシャンとやりとりした経験を、ゴリゴリのシンセサイザーサウンドのTMにも応用できるようになったというか。

TM NETWORK
『Get Wild』

美里さんに作った『Teenage Walk』と、ＴＭの『Get Wild』って僕の中ではかなり似通った部分があるんです。だけど、サウンドはまったく違う。自分の中の引き出しというか「ファイル」みたいなものが加速度的に増えていったという感じです。

楽曲提供で得た経験をＴＭに持ち込んで実験したり、ＴＭで試したことを楽曲提供に活かしたり。どちらかで成功すれば、それをもう一方に持っていける。そんなシナジー効果が生まれはじめていました。サッカーでたとえて言うと「片方のサイドだけじゃなくて、両サイドからの攻撃を覚えた」みたいな実感ですね。もちろん勉強といっても、全部仕事。ヒリヒリしたプロの現場で学ばせてもらったことが大きかったですね。

『My Revolution』でヒット曲の輪郭をつかみ、『Get Wild』に発展させていった小室。その様子をＴＭのメンバーはどう見ていたのか。木根尚登に取材を試みた。

「キネバラ」と呼ばれる木根のバラードには名曲が多く、ＴＭのみならず他のアーティストへの楽曲提供でも活躍する。小室は作った曲を一番に木根に聴かせることが多いという。

「てっちゃんが、できた曲を最初に僕に聴かせる理由は『ちょっと一般人の耳で聴いてもらいたいから』だって（笑）。『一般人？　僕はメンバーだよ』って突っ込むと『いやいや、木根はほら、そういう大衆性を持っているから』って言うんだけど（笑）。

最初に『Get Wild』を聴いた時は、やっぱりイントロがすごくいいな、と思いましたよ。『あの8小節のメロディーのおかげで僕らはあると思ってますから』って言うと、てっちゃんは『僕らは一発屋じゃないよ』って返すんですけど、でも、それくらいのものを残したような気がしますけどね。まさに一番最初の音、イントロの音がすべてってことでしたね。だから、勝ち負けじゃないんだけど『もう勝ったよね、これね』とか『これでいけた』とかね、よくそんな話をしてましたね」

ロンドンで見た未来

この頃から、小室の代名詞となったのが「転調」だ。途中で曲調が変わると、楽曲は「山あり谷あり」のジェットコースターのように急展開し、ドラマティックに聴こえる。そんな小室の楽曲は、レベッカやBOØWY、米米CLUBや久保田利伸など、個性的なアーティストが次々と生まれる当時の音楽シーンの中でも、異彩を放ちはじめていた。

しかし、当の小室本人は、まだライバルたちの中で突出するほどの「武器」を備えているとは考えていなかった。1987年にTMがブレイクするやいなや、小室は小坂をはじめとしたEPICソニーのスタッフに、驚きの提案をする。

「いますぐロンドンに行かせてほしい。世界最先端のイギリスに音楽留学したい」

当然、周囲のスタッフは慌てた。ＴＭとしては、アルバム『GORILLA』でアメリカ・ニューヨーク、『humansystem』ではロサンゼルスでの海外レコーディングを経験していたものの、長期にわたる海外行きは想定外だったためだ。何より、せっかくヒットアーティストの仲間入りを果たしたＴＭの音楽活動が止まってしまう。レコード会社としては、容易に認められる話ではない。

当時、日本のレコーディングは完全分業制で、エンジニア、ミキサーの仕事にミュージシャンが口出しすることはできなかった。一方、ロンドンでは、ミュージシャンがスタッフとともに機材を操り、自由に楽曲を制作していた。小室は、これをいち早く取り入れないと、日本の音楽シーンに新しい風を吹かせることはできないと考えたのだ。

そんな小室の「直訴」。ＥＰＩＣソニーは、ＴＭ ＮＥＴＷＯＲＫや映画音楽のアルバムの制作をすることを条件に、小室の音楽留学を了承する。

１９８８年。単身イギリスにわたった小室。そこで目にした世界最先端の制作現場は、想像をはるかに凌駕するものだった。

小室　１年半くらいですかね、イギリスに行かせてもらったのは。その間、映画「ぼくらの七日間戦争」のアルバムとTMの『CAROL～A DAY IN A GIRL'S LIFE 1991～』（以下、『CAROL』）をロンドンで作りました。クリエイティブの概念がまるで違う海外で、自分の力量を試しつつ、新たなことを学んでみたかった。

『CAROL』は、ロンドンのミュージカルをヒントに、幼い女の子が異世界で盗まれた「音」を取り戻すという物語を木根さんに書いてもらって、それをコンセプトにしたアルバムを作ろうとしたんですけど、イギリスの音楽界を象徴する「AIRスタジオ」で、レコーディングをさせてもらったんです。

ザ・ビートルズのプロデューサーだったジョージ・マーティンが作った、ポリスやエルトン・ジョン、ポール・マッカートニー、ザ・ローリング・ストーンズ、デュラン・デュランとかがレコーディングを行ったという超名門スタジオで、そこを1か月以上も貸してもらって作ったんです。ちなみに『CAROL』のライブツアーには、ユーミンも観に来てくださって、僕らにとっても大きなアルバムになりましたね。

何より、ロンドンではダンスミュージックに出合いました。

当時、ロンドンでは「ユーロビート」と呼ばれるダンスミュージックがブレイクしていて、デッド・オア・アライヴやカイリー・ミノーグを手掛けたストック／エイトキン／ウォーターマン（PWL）というプロデューサーチームが全盛でした。彼らの作るサウンドの「疾走感」が、生音のロックに比べて格段に新鮮だったんです。「ユーロビート」を知ったのは、「ディスコ」からでした。当時はロンドンに「ミニストリー・オブ・サウンド」という巨大ディスコがオープンした頃で、「ＰＷＬ」に代表される打ちこのダンスミュージックがヒットしていたんです。

ロンドンの知り合いから紹介されて「ＰＷＬ」のスタジオに遊びに行かせてもらった時にカイリー・ミノーグのデビューアルバムを発売日の前日にもらって喜んでいたんですが、マット（・エイトキン）からその時に聞いた言葉が忘れられなくて。

「このレコードは、１００万枚（ミリオン）出荷されるから」って言うんですよ。ものすごくショックでしたね。発売前に１００万枚売れることがわかっているという事実は、当時の僕にとって、ＫＩＳＳやクイーンのライブステージ以上に衝撃的だった。

他にも「ミュージシャンとはこうあるべき」みたいな理想論ではなくて、徹底して「ヒットを作るための方法論」を語ってくれたんです。ヒット曲を作るには、まず楽曲ありきだけれども、マーケティングが重要だ、と。それは僕が常々思っていたことでした。彼の語ったことは、その後の僕の指針になりました。

もうひとつ大きかったのは、ロンドンの最先端の音楽シーンに触れられたことです。「セカンド・サマー・オブ・ラブ」っていうムーブメントなんですけど、80年代後半のイギリスって、アシッド・ジャズやハウス、トランスといった新しいダンスミュージックが盛り上がっていたんですよね。とりわけ「レイブ」というダンスを一晩中流す屋外イベントが流行《はや》っていたんです。

もちろん、クラブでもレイブをやるんだけど、クラブが閉店して、終わったあと明け方からのアフターアワーズという時間帯にも、倉庫が並んでるところに、軽く5000人とか1万人が集まって踊っていたんです。日本のディスコとは、まったく違うなと思いましたね。もう曲とかどうでもいいという感じで、とにかく踊りまくる。

曲も、AメロとかBメロとかそういう構成もなくて、ほぼリズムだけ、サビだけっていう感じのイメージ。同じ言葉をリフレインで繰り返して、ずっと同じリズムが鳴っているというような曲が流れていたんですよ。これは、新しいなと思いました。とにかく日本でもやってみたい、僕がやらなきゃと思ったんですね。

直感的に「この音は真似できる」と感じました。現地でスタジオワークをしていたから、運よくいいスタッフに出会えたり、プロデューサーたちから最先端の話を聞けたおかげで、機材を揃えれば「音」は何とか作れるなと思えたんですね。

それと、日本だと、ロンドンのような盛り上がれる場所があるのかな、ってことは思いましたね。みんながひたすら踊って楽しめる環境はディスコくらいしかまだなかったんで。

それが整わないと一般的な人たちの耳に届かないよな…とも感じていました。

この時の経験はカルチャーショックでしたよね。少し経ってからｔｒｆの結成やＨ Jungle with t でジャングルを日本に提案する動きにつながっていくんですけど、まだ先の話で。まずは自分の音楽に活かせれば、と考えた。なので、ＴＭのサウンドがダンスミュージックにシフトしていったのは、ロンドンでの経験がすごく大きかったです。

「海外リミックス」という実験

ロンドンでダンスミュージックに出合った小室は、音楽留学から帰国する直前、ひとつの「実験」を試みる。ＴＭ ＮＥＴＷＯＲＫの楽曲を海外のプロデューサーたちに、全面的にリメイクしてもらう企画を依頼したのだ。

依頼内容は、宇都宮隆のボーカルとメロディー・歌詞を残し、後はすべて海外のミュージシャンのアイデアによってほとんどゼロから録り直してもらうというものだった。

いわば原曲の「作り直し」という実験を、小室は従来の「リミックス」ではなく「リプロダクション」と名付けた。自分が作ってきた楽曲に欧米のプロデューサーが手を加えたらどうなるのか。また、世界基準にアレンジされた音やリメイクという概念そのものが、日本のチャートに受け入れられるのかを試したのである。

それまで日本において「リミックス」といえば、オリジナルトラック音源をいじる程度だった。たとえば、ボーカルにリバーブをかけたり、ギターの音を消したり、その逆にシンセサイザーの音を追加したり、イントロや間奏を水増しして演奏時間を長くしたものを指すことが大半だったが、小室はこの作品でその概念を一新してみせた。

1989年5月。いわゆる「海外リミックス」を日本で初めて取り入れたこのアルバムは『DRESS』と名付けられ発表された。見事にオリコンチャート初登場1位を獲得し、小室の手法は、またひとつ注目を集めた。

アルバムの先行シングルとして発表された『COME ON EVERYBODY（WITH NILE RODGERS）』『KISS YOU（KISS JAPAN）』『GET WILD '89』は、オリコンチャートで3曲同時にトップ10にランクイン。1アーティストの楽曲が3曲同時にトップ10に入ることは、当時史上初のことだった。

小室　『DRESS』がリリースされたのは、元号が昭和から平成に変わったばかりの頃でした。音楽シーンもまだ「昭和の延長」で、リミックスとか英語詞のような洋楽臭のするものって、なかなか受け入れられなかった。ましてやダンスミュージックなんて、前例もない。それなのに、チャート成績も良くて。洋楽として流されることもあったんです。中でも『GET WILD '89』を最もダンスミュージックに振り切ってみたんですけど、受け入れられて。「あ、いける。『Get Wild '89』でいける」と思ったんですね。

海外のプロデューサーさんたちには、「リプロダクション」を依頼する時に、とにかくドラスティックに変化させてほしいと依頼したんですけど、とりわけ驚いたのが『Be Together』をアレンジしてくれたジョナサン・エリアスですかね。原曲ではカットされているイントロのウッの語りを復活させたんです。そういう感覚が非常に新鮮でした。

それと「PWL」のスタジオで、ドラムマシンやボーカルをいじるマシンの使い方を親切に教えてもらいました。たった3台くらいのマシンで音を作ってレコードにしてしまうんです。それ以前から「YMOチルドレン」としてパソコンで音楽を作っていましたが、それからはより一層「コンピュータができること」を念頭に置くようになりました。

当時、コンピュータで音楽を作ると、機械のせいでサビのメロディーが自然と転調されてしまったり、リズムも滑らかでなく16ビートでスタッカート気味になってしまったりすることがあったんですが、これが結果として面白い音作りにつながるんですよ。そういう「バグ」というかハプニングみたいなものも積極的に採り入れていきました。

ロンドンから帰国した小室は一方で、もう1本の柱である楽曲提供にも力を入れていく。音楽プロデューサーの酒井政利の依頼でサウンドプロデュースを手掛けた宮沢りえのデビュー曲『ドリーム ラッシュ』が34万枚のセールスを達成し、小室にとって『My Revolution』に次ぐヒットとなる。

そして1992年。楽曲制作を積み重ねた小室に、とうとう「作曲・編曲・サウンドプロデュース」に「作詞」も含めた「トータルプロデュース」の話が舞い込んだ。

アーティストは、観月ありさ。観月は、1991年に尾崎亜美作曲の『伝説の少女』で歌手デビュー。ドラマ・CMで注目を集め、宮沢りえ、牧瀬里穂とともに、頭文字をとって「3M」と呼ばれ、人気絶頂だった。小室が任されたのは、観月の4枚目シングル。彼女にとって最大のヒット曲となる『TOO SHY SHY BOY!』の誕生である。

小室　トータルプロデュースは念願でしたね。観月さんの所属事務所の社長さんが、「僕の音をすごく気に入ってくれていて、なぜか歌詞も、ということでチャンスを頂けた。僕の歌詞をどこで見たんだろう…」とは思いましたけど、うれしかったですね。初めて詞・曲・音をやらせてもらえるわけですから。

書き下ろしたのが『TOO SHY SHY BOY!』です。この仕事で、ずっと目標にしていたプロデューサーにかなり近づいてる——と思えるところまで来たかなと感じましたね。「観月ありさ」という素晴らしい素材をどう生かすか…。当然のごとく、それまでのようにレコーディングの歌チェックなんてできないと思っていましたし、ご本人にも会えないだろうなと思ってたんです。そうしたら、今度曲作ってくれる人だよ、みたいな感じで初めて会わせてもらったんですね。打ち合わせじゃなくて、挨拶程度で「よろしくお願いします」みたいなことでしたけどね。

でもね、プロデューサーへの階段をひとつ上がったなと思いました。相当違うぞと。それまで、その人のために曲を作ったって実感できるのは、盤になったものか、あとは音楽番組でその人が歌ってる時だけだったので。テレビを観ながら「アイドルってすごいな、いつの間に歌覚えたんだろう、振りまでついてるぞ」なんてね。なので、会うことができた、というのは進化というか、大きな進歩だぞって思ったんですよね。

ミリオンセラーとギターの壁

ＴＭとして、ソロとして、さらにはプロデュース活動まで手掛けだした小室は着実にキャリアを積み上げていった。この年には楽曲提供した作品をセルフカバーしたアルバム

『Hit Factory』も発表する。

その一方で小室の前に「大きな壁」が立ちはだかった。「ミリオンセラー」である。

時代が1980年代から1990年代へ、昭和から平成へと移行するなか、日本の音楽シーンには大きな変化が起きていた。

まず、音楽のフォーマットがアナログレコードからCDへと本格的に変わった。1988年、アルバムのセールスでCDがレコードを逆転したことを境に、1989年からは、レコードは製作されず、CDのみ販売される形が主流になっていった。

また、歌謡曲、演歌、ポップス、ニューミュージックなどと分類されていた邦楽に「J-POP」という言葉が誕生したのもこの頃だった。

この言葉を生み出したのは、1988年10月に放送を開始したFMラジオ局「J-WAVE」。洋楽専門ラジオ局としてスタートした同局で、邦楽コーナーを立ち上げる際に「洋楽として聴ける邦楽」として名付けられたのが始まりとされる。平成という新しい時代に、これまでとは異なるタイプの音楽が選曲されるカルチャーが出現しはじめた。

さらに、楽曲が歌われる環境の変化も同時に起こっていた。通信カラオケを個室で楽しめる「カラオケボックス」の全国的な普及である。それにより、スナックなどで多くの客を前にして歌う印象が強かったカラオケが、親しい人たちだけで歌えるようになり、一気に一般化していった。その影響からか、カラオケでリクエストされる曲が、これまで以上に目立つようになり、複数の曲が詰まったアルバムよりも、いかにシングル曲単体でヒットさせるかが重視されるようになった。こうした流れの中で到来したのが、CDシングルの売り上げが100万枚を超える、いわゆる「ミリオンセラー」の時代だった。

CDシングル・アルバムの年間ミリオンセラーの数は、90年にわずか3枚だったのに対し、1991年が13枚、1992年が25枚と急増。また、それまではアルバムの売り上げがシングルを上回っていたが、1990年を境にシングルが逆転する。

当時、ミリオンセラーには、いくつかの共通項があった。高視聴率ドラマの主題歌やテレビCMのテーマソングに起用される、いわゆる「タイアップ」であること。またカラオケで盛り上がれること、つまり「聴くもの」より「歌えるもの」ということだった。

その中心にいたのはCHAGE and ASKA。そしてB'z、WANDS、ZARD、DEENといった、音楽プロデューサー長戸大幸が率いるレコード会社兼マネジメント会社「ビーイング」のアーティストたちである。

こうした環境の変化に、小室も対応しようと様々なトライを重ねていた。

1990年9月、小室はTM NETWORKを「TMN」へとリニューアルし、シンセサイザーサウンドから一転、ハードロック路線に切り替え、7枚目のアルバム『RHYTHM RED』を発表。翌年には、〝音の博覧会〟をコンセプトにハウスミュージックを取り入れた8枚目のアルバム『EXPO』をリリースした。アルバムごとにサウンドコンセプトを変更しながら、オリコンチャート初登場1位を獲得し続けていた。

特に1991年にオリコンチャート初登場1位を獲得した25枚目のシングル『Love Train』は、カラオケでも歌いやすいポップなサウンドに仕上げた。TMのシングルとしては当時最高となる売り上げを記録したが、ミリオンセラーには届かなかった。

小室　「ミリオン」——当時、それを意識しなかったというと嘘になってしまいますね。TM NETWORKをTMNに変えてから、いろいろなチャレンジをして、そこを超えていきたいという気持ちはありました。だけど、他のアーティストがそこをクリアしていく中、なかなかそうはならなかった。

特に考えたのは、B'zが『LADY NAVIGATION』（1991年3月）で、ミリオンを達成した時ですね。ギタリストの松ちゃん（松本孝弘）は、1989年までTMのツアーに参加してくれていて、まぁTMにとっては後輩のようなものです。それが、さらっと先に

B'zに持っていかれてしまった。これは、いろんなことを考えるきっかけになりました。

B'zは、稲葉浩志くんのロックを感じさせるボーカルの純粋なかっこよさもありましたけど、やっぱり「ギター」という楽器の持つ特性が大きいのではないか、と。

かつて1980年代後半にも「BOØWY」か「TM」か、と比較される時代が一瞬あって、そのこともフラッシュバックしました。ロックというか、男っぽさというか「不良性」ですよね。尾崎豊くんもそうですけど、ギターの音っていうのは、ギターを持つということだけではなく、その姿、振る舞い、生き方を含めた「不良性」を感じさせる。

でもシンセサイザーだと、どうしても「優等生」になってしまうんですよね。どこかでギターに敵わないのかもしれない。そこに「見えない100万枚の壁」というものがあるんじゃないか、と思っていました。


その頃、楽曲提供もうまくいっていたんですけど、順調なステップアップというか、バランスのよさだけでは、だめなんだということも思っていましたね。

ヒット曲って、詞・曲・編曲・歌唱力、それからパフォーマンス・仕掛けみたいな、そういう「六角形」の要素で表現できるって僕は思っているんです。だけど、その六角形がどれもまんべんなく高水準だっていうことだけでは「ミリオン」の壁は超えられない。

やっぱり「この人のおかげで売れた」というか。六角形のどれかひとつが、ぐわっと、突出していないとダメなんじゃないかって思ったんです。

「この人がこれをやったから、この曲は飛びぬけて売れた」とならないと、一般の方の耳に届かない。「確変」というか、劇的な何かが起きないと、この状況をひっくり返せないなと。この状況を一変させる「ジャンル」を作らなければと思っていました。

ツアー後のマハラジャ行脚

新しいジャンルを築きたい——そう思いはじめた小室は、ダンスミュージックを日本の音楽シーンの最前線に送り込むべく、ロンドンで得た経験を投入していった。

1990年に発表したTMの23枚目のシングル『RHYTHM RED BEAT BLACK』では、当時まだインディーズだった電気グルーヴにリミックスを依頼。翌年の『EXPO』の全国ライブツアーでは、DJ用のターンテーブルを使用するなど、クラブサウンドをTMに取り入れる「実験」を試みた。

さらにディスコやクラブの関係者たちとも、積極的に情報を交換。これからのヒット曲は、クラブ発信やクラブ仕様になる、ロンドンで浴びたレイブが日本にも来るはず、という思いを推測から確信に変えていったという。

そんな小室に、大きなめぐり合わせが訪れる。

1992年、輸入盤を販売していた新興のレコード会社「エイベックス」で、ディスコ向けコンピレーション盤の制作を手掛けていた松浦勝人との出会いだ。

エイベックスは、1992年発売のアルバム『JULIANA'S TOKYO』がヒット。当時大人気だった芝浦のディスコ「ジュリアナ東京」で流れる楽曲を集めたCDで、社会現象を巻き起こしていた。

小室と出会った松浦は、ほどなく大きな提案を投げかけたという。それが「TMNのユーロビートカバーCD」を作るという企画である。

ダンスミュージックのマーケットを広げたい松浦と、TMのファン層を拡大させたい小室の思惑が合致したこの企画は、1992年9月、アルバム『TETSUYA KOMURO PRESENTS TMN SONG MEETS DISCOSTYLE』として発表。オリコンチャート9位に入り『JULIANA'S TOKYO』の売り上げを上回った。

エイベックスは、その手応えをもとに、輸入盤の販売からオリジナルアーティスト作品の制作に挑戦する意向を示した。それを知った小室は、「新しいグループを自らの手で作り出し、プロデュースする」という大きな勝負に出た。

シンセサイザーを駆使したサウンドで作りだす、新しい時代の新しい音楽。そして、念願のフルプロデュース。世の中をあっと言わせるには、ダンスミュージックに振り切るしかない。小室は、松浦にある構想を持ちかける。

それは、ロンドンで観た「レイブ」と「テクノ」を前面に打ち出したサウンドで、ボーカルとDJ、ダンサーを組み合わせた新しいグループだった。

そう、後に「trf」となるグループ誕生の幕が開こうとしていた。

小室　歌謡曲やポップスというこれまでの路線で楽曲提供、プロデュースをしていくという流れはもちろんありですし、それを積み重ねてきたわけですけど、一方で爆発的にいくまでには、相当道のりが遠いなって。できれば、新しいジャンルに手をつけたほうが、もしかしたら早いんじゃないか、と。さっき話した六角形グラフのとんがった部分を作れるんじゃないかってことですね。未開拓なところに飛び込んだら「この人がいたから」という飛び出し方やインパクトがとんでもないことになると思ったんです。

パイオニアというか、そもそも「小室哲哉って人が作ったジャンル」になるわけです。それには、ロンドンで体感したダンスミュージックを日本のポップスの最前線に当てはめるしかないと思ったんですよね。

松浦さんに初めて会ったのは、永田町のキャピトル東急ホテル（現ザ・キャピトルホテル東急）の「オリガミ」というレストランだったですかね。松浦さんは、ヨーロッパのダンスシーンや流行っている音に詳しくて、もちろんレイブも知っていた。新しいものを生み出したいという気概に満ちていました。僕が、ポップミュージックの側からクラブミュージックへ接近したいと思っていたとしたら、松浦さんは、クラブミュージック側からポップミュージックへ接近を考えていたということですよね。

1991年くらいからTMNの『EXPO』のライブツアーと並行して、全国のクラブでイベントをやって、アーティストを探そうと動いていたんです。もちろん誰か見つかるだろうなんて確信があったわけじゃなくて、ダメでもともと、のノリです。

TMのツアーって、その頃、年間40か所ぐらいやっていて。その終演後にクラブとかでオーディションを企画してやってもらったんですよ。

ツアーのメンバーはコンサート終わりで「おしまい！　おつかれさま」で。だけど、僕はそこからもう一仕事。「マハラジャ」というディスコチェーンが全国展開していて、「TK TRACKS NIGHT」というイベントをやっていました。その時だけ、演出をちょっとクラブみたいな雰囲気にしてもらったんです。

実際のところ、お客さんはTMのファンがたくさんいらっしゃってくれたんですけどね。コンサート後に、まだまだ興奮さめやらぬという感じで流れてきてくれて。なので、「このイベントは僕、主役じゃないから。オーディションというか、いろんな人が出てくれるから、みんなも一緒に楽しんで！」みたいなことを喋ってました。

一方で、ディスコ側は大喜びなんです。どの会場もお客さんでパンパンで、「札止め」って感じで。それでも全員詰め込んじゃえって、すごい盛り上がりでした。

このイベントで大都市圏だけじゃなくて、地方都市もかなり回ったんですけど、マーケティング調査にもなりました。数字を見て、こっちでイベントの人気が爆発してるとか、あっちはそうじゃないとか。そういうところもチェックして。

大学時代、早稲田でちゃんと単位をとったのが統計学と心理学くらいでした。もともと統計学に興味を持ったのが、「テレビの視聴率って、なんでわかるのかな？」という疑問からで。とても日本全国の世帯全部の調査なんて無理だろう、と。実際は、エリア内の世帯からランダムに調査対象を選んで統計的に割り出していたってことに気づいて、面白いなと。じゃあ、それと売り上げが関係するのか、数字を当てはめたりして。この地域でこれぐらい露出したら、日本全国だと、このぐらいいくんじゃないか、とか。

だから、ピンポイントでプロモーションをしたこともありますよ。たとえば1000万円前後の予算を投下したとして全国規模ではちょっとしたラジオ1回分とかにしかならないけど、札幌市とか名古屋市だったらそれくらい出せば、毎日のようにテレビCMをジャックできるから、「嫌でも覚えちゃうぞ」くらいプロモーションしてみようよとか。それで結果がよかったことが、名古屋あたりで実際にあったんですよ。

結果から言うと、小さな都市でもイベントをやった意味はありました。trfのYU－KIさんは、岐阜のマハラジャで見つけたんですよ。岐阜ではとにかくダントツだったんですよ。歌もダンスも、ちょっとした動きも、何から何までピカイチで。

ボーカリストだけじゃなくて、ダンサーとかDJも探し回りました。当時のツアー中は大げさではなく、ほとんど寝てないです。そこまで手間暇をかけたのは、やっぱりメンバーの特性を見極めてからじゃないと新しいプロジェクトはスタートできないと思っていたからなんですね。

後にメンバーになるSAMやETSU、CHIHARUたちを見つけたのも、そういう動きの中からです。「MEGA－MIX」っていう10数人のジャズダンスのグループが、クラブを満員にしているって噂を聞いて、スタッフに誘われて、ツアー終わってから、横浜とかのクラブに通うようになったんです。

ＴＭのライブが終わった後、完全燃焼した後に夜12時から開始って感じですね。彼らの出番は遅いので、それをずっと待ってたり。だけど彼らからしたら、もう音楽のジャンルも違いますし、はじめは「誰ですか？」って感じでしたね。それでも通い詰めて。半年ぐらい経って、やっと話を聞いてもらえるところまでいってね。

「ロンドンでダンスミュージックに触れて、それを日本でやろうと思ってる」

「1番と2番の歌の合間、ポップスやロックだとギターソロが入るところにダンサーのソロを入れてピンスポットを当てる」

「ダンスに脚光が当たるように力を尽くすから、何とか協力してくれないか」

みたいな言い方で、とにかく口説いたんですよ。

だけど、すんなりＯＫとはいきませんでした。僕がやろうとしていたのはＢＰＭ（テンポ）が速いユーロビートだったので、ジャズダンスの彼らからしてみると、テンポが違うし、合わないということで。「じゃあ、どうしたらいいんだろう…」とお互い相当悩んで。

そういう流れだったので、まずは「ユニット結成」みたいな感じじゃなくて「とりあえずオファーを頂いたんで、1本いくらで契約して、仕事としてやります」みたいなかたちで落ち着いたんですよね。プロだから、依頼された仕事はきちんと受けますよ、みたいな。そんなところから始まっていくんですよ、ｔｒｆは。

ｔｒｆの着火点

１９９２年12月。小室が全国を回って探し集めた「ｔｒｆ」は、東京で開催されたイベント「TK RAVE FACTORY」でお披露目された後、翌年2月にシングル『GOING 2 DANCE』でデビューする。小室が、エイベックスと描く新しいグループの誕生だ。

もっとも、ｔｒｆのデビューにあたっては「壁」が立ちはだかっていた。それがアーティストの専属契約という制度だ。当時、ＥＰＩＣソニーと専属契約を結んでいた小室は、他のレコード会社と仕事をすることはできなかった。

そこで小室は、当時社長を務めていた丸山茂雄に「ＥＰＩＣソニーに所属しながら、エイベックスのアーティストをプロデュースできる方法を考えてもらえないか」と直談判を試みた。

丸山は「ものを作る人にはやりたいようにやらせたほうがいい」と、小室の意向を尊重。結果として、丸山自身が小室のマネージャーとなり、ＥＰＩＣソニーからエイベックスに小室を「貸し出す」ことが実現する。これは後に「エージェント契約」の日本第1号として語られるようになる。

まったくの新人、まったく知られていない楽曲。小室哲哉が夢に描いた音楽プロデューサーとしての船出は、決して華やかなものではなく、霧の中を航海するような視界不良からはじまっていく。

小室　当時のチームは、当時、みんな邦楽に関しては知識も経験もない。ハッキリ言っちゃうと「ド素人軍団」だったんです。その時点で、僕はもう否応なしに「プロデューサー」なわけです。前面にどんどん出て行かなくてはならない。

ｔｒｆを宣伝しようにも、みんなツテもない。取材してもらおうとしても「どこに頼めばいいんでしょうか」という感じで。「じゃあ、僕が集めるよ」って、知人の音楽ライターさんに集まってもらって、音楽雑誌とかに書いてもらったんです。でも、まぁ扱いは小さくて。「小室哲哉の趣味」とか「小室哲哉のもうひとつの顔」みたいな取り上げ方だったんですよね。

メディアでの展開に期待するだけではダメだから、クラブから火をつけなきゃと動きました。だけど『GOING 2 DANCE』を持っていっても「このままじゃクラブＤＪはかけないよ」って言われちゃったんですよね。

だけど「リミックスさせてくれないか」と言ってくれる人が何人かいたので、お願いして。その中で「日本語が少し入ってるんだけど、これ全部英語にしたい」と言われたので、そうしたんです。そしたら、クラブで「このアーティスト誰？　洋楽？」って話題になりはじめて。あまりに馴染《なじ》んでて、だれもｔｒｆが日本のグループだと思わなかった。

そうやってもがいているうち、２曲目で制汗デオドラントやシャンプーの「シーブリーズ」のＣＭをとれたんです。で、プレゼンのために6曲作って持っていったんですが、クライアントから「ぜひ」と言われたのが、6曲目の『EZ DO DANCE』だったんですね。なんで最後に回してたかというと、できれば「ここぞ」という時のためにまだまだ残しておきたかった楽曲なんです。でも、「最後の曲でお願いします」って言われて。

「やっぱそうか、この曲は引っかかるんだな」と。

で、大きなヒットになって「やっぱりタイアップはすごいんだな」と思わされたんです。曲単体の良さだけじゃなくて、テレビＣＭみたいな「映像とリンクする強さ」が大事なんだと改めて気付かされて。とにかくこれからはｔｒｆの映像を世間に見せて、映像で「こういう人たちだよ」と認知させなきゃって考えたんです。だから、プロモーションビデオは力を入れて作りましたね。

それと、ハードルは高かったんですけど、テレビの音楽番組に出たくて、いろいろやりました。ＴＭで培った人脈でプロデューサーと直接交渉したり。だけど、いざテレビ出演となってからが大変でした。ｔｒｆがあまりにも新しすぎたというか、ディレクターさんに「音楽番組らしいカット割りができないよ」って言われちゃったんですね。

まず、ＫＯＯちゃんがやってるＤＪの存在から理解してもらえなかった。いまでこそ、ロックバンドで言うところのドラムの位置にＤＪブースが陣取って、曲の合間でＤＪがスクラッチしてるところを映したり、というのは一般的ですけど、その当時は「何やってんの？　あの人は」っていう感じで。僕が「あの人がオケを流してるんです」とか説明してもわかってくれなくて。ＤＪのスクラッチにしても、「このチュクチュクって動きは画《え》にならないよ」とか言われちゃってね。

あと「ダンサーの映し方」もテレビのスタッフと意識を共有するのが大変でした。それまでのダンサーは、いわゆる「バックダンサー」で、後ろでわちゃわちゃ踊っているだけで、フォーカスされることはほとんどないというのが常識でした。

だから、僕がフロアのディレクターに直接言うんです。

「ｔｒｆの5人をバンドにたとえてくれませんか。ＹＵ-ＫＩはボーカル、ダンサーのＳＡＭ・ＥＴＳＵ・ＣＨＩＨＡＲＵは、ギタリストやベーシスト、ＤＪ ＫＯＯちゃんは、ドラマーですと。そうしたら、カット割りできますよね」というところからはじめて。

「曲間のＳＡＭたちのダンスは、バンドで言うところのギターソロみたいなものなので、そこでスイッチングしてください」みたいな感じでリクエストして。テレビの方々もプロですからね。そういうふうに説明していると、「これは新しいぞ」とノッてきてくれて。

「カメラがターンしてSAMを映す」「KOOちゃんにフォーカスしてRAPスタート！」みたいな感じでカットがちゃんと決まってきたんです。KOOちゃんにも「曲の中で見せ場になるようなパフォーマンス考えてみてよ」とか言って。

テレビ局の皆さんと一緒に作っていくのが、すごく楽しくて、居心地良かったんです。「あ、これは楽しい」と。そのプロセスって、それまで思い描いていたプロデュースに近づいていく感じがすごくしたんですよね。

画期的なカラオケプロモーション

テレビドラマとカラオケボックスがヒット曲の「発信基地」とされた当時、小室がｔｒｆを通じて挑んだ画期的なプロモーションがあった。カラオケで流れる「映像」である。

小室　ｔｒｆで「いけるな」と思えたのが、『EZ DO DANCE』が１９９３年の日本有線大賞で新人賞を頂いたからなんですね。有線って、演歌とか歌謡曲がメインというイメージが強いじゃないですか。そこの新人賞を獲るなんて全然予想もしてなかったし、それまで洋楽メインだったスタッフも多いから、「有線って何？」みたいな人もいたくらい。だけど自信になりましたね。最先端をどう浸透させていくか、という面から考えたら、一気に大衆化された証明になった。有線大賞はユーザーのリクエストから選ばれるんですけど、都会というより全国津々浦々、地方票が反映されていますから。

なぜそうなったかというと、僕にはひとつ確信めいたものがあって。きっと、カラオケから広がっていったんじゃないかなと思ったんですね。

さっきも言いましたけど、ダンスミュージックであるｔｒｆは、音だけを聴かせていたのではヒットしないと思った。だからミュージックビデオに力を入れたんです。音楽を聴くのではなく見るもの、視覚でも知ってもらうということです。

で、当時はあまりやってなかったんですけど、それをカラオケボックスで流してもらったんです。それまでカラオケで流れる映像は、演歌歌手が歌っているものばかりで。そういうのと一緒になっても構わないのでって感じで、お願いしてね。

当時の状況も含めて言うと、ｔｒｆのオーディションの舞台にもなったディスコのマハラジャには、カラオケの施設も一緒にくっついていたんですよ。ディスコで踊って、なんだか歌いたくなっちゃった人たちの受け皿としてね。そこでＹＵ－ＫＩとかダンサーたちが活躍するビデオが流れてたから、それも新鮮だったんじゃないですかね。

ｔｒｆに「風が吹き始めたな」というのは、そこで確信しましたね。大都市圏だけじゃなくて、地方でもオーディションをやって地道に積み重ねていた意味があったな、と。


ｔｒｆが「いける」と感じたのはもうひとつあって。『寒い夜だから…』がヒットしたことです。もちろんｔｒｆはダンスミュージックがメインなんですけど、とはいえ『EZ DO DANCE』みたいな曲調の軸だけでは、バリエーションも限られるし、多くの人に届かないかな…と思う自分がいて。

だからまったく違う、メロディーで聴かせる歌謡曲路線の曲も作った。自分自身、メロディーメーカーであり続けなければ、小室哲哉というものが単なる「仕掛け人」で終わってしまうんじゃないか、という心配というか、危惧があって。

これは僕の弱虫というか、怖がりなところなんですけど、一本道だけというのはすごく心配なんです。どれが当たるかわからないから、いくつかの道にトライして、選択肢を残しておく。幸い、ＹＵ－ＫＩはすごく丁寧なシンガーで、歌詞とメロディーを大切に歌ってくれる。だから彼女のために『寒い夜だから…』を作れたんです。そういう曲をそっと

trf
『EZ DO DANCE』

準備していたんですね。

『EZ DO DANCE』のダンス路線と『寒い夜だから…』の歌謡曲路線が合体した時にｔｒｆはもう一段、大きな成功ができるんじゃないかと。なので『寒い夜だから…』が、皆さんに受け入れられた時に「これは、もっといける」と思ったんです。

84年に「produce by TETSUYA KOMURO」っていう意思表明をしてから何年も経って、ようやく原石をｔｒｆとして送り出した。それをプロデューサーとして見ている自分がいるって感じられた。アーティストを送り出す瞬間を味わうっていうのは、夢でしたから。

もちろんTMをやっている時も、いつも「仕掛けて売れたところを外から見てみたい」と思ってたんですけど、ｔｒｆでその実感がさらに強くなったというか。テレビ局でも、スタジオのフロアで見てたり、モニターを見てたりとかして「ああｔｒｆが映ってる…」って、ものすごくうれしかったんですね。ＴＭでも「ザ・ベストテン」だとか「夜のヒットスタジオ」だとか、ＮＨＫの「紅白歌合戦」だとか、名だたる音楽番組に出られていたんですけど、それと全然違う、ちょっと格別な達成感があったんですよ。
これこそが僕の本業なんだ――っていう思いが、日に日に強くなっていきました。

そんな中、１９８４年にデビューしたＴＭが結成10周年となるタイミングで終了し、小室はｔｒｆをはじめとする音楽アーティストのプロデュースに専念することになる。

１９９３年の大みそか。スタジオでは、翌年2月に発表する予定で進行していたｔｒｆの3枚目のアルバム『WORLD GROOVE』のレコーディングが行われていた。

このアルバムには『WORLD GROOVE 3rd. chapter』という楽曲が収録されている。この曲は、ＴＭ初期に作られた『ELECTRIC PROPHET（電気じかけの予言者）』で描いたコンセプトをもとに制作したメッセージソングである。歌詞には、当時の小室の胸の内を思わせる言葉がちりばめられていた。

1994これから描く世界まさしく VIRTUAL WORLD
DANCE DANCE 使い古した世界
MUSIC MUSIC 次の曲がり角で
僕たちは時代《とき》を創り　時代と踊り　時代と遊び
新しい揺れるリズム教えて…

日本の音楽シーンのもっと先に行きたい、先を見たい、先を見せたい――。
この後、1994年から小室哲哉が音楽プロデューサーとして成し遂げる、怒濤のミリオンセラー連発。その夜明けが確実に近づいていた。

第二章

飛躍

ミリオンという時代

1994-1998

「TM NETWORK」と「楽曲提供」という二刀流で腕を磨いた小室哲哉は、1984年のデビューからの10年間を経て、ついに「音楽プロデューサー」としての一本道を歩きはじめる。

1994年から始まる「小室サウンド」「TK旋風」は、日本で同時代を生きた人であれば、誰もが知るところだろう。

インターネットとスマートフォンを舞台にしたストリーミング再生が中心となる現在と異なり、当時のヒットの基準はCDセールス。とりわけ100万枚を売り上げる「ミリオンセラー」こそがヒット曲の指標であり、象徴でもあった。

小室哲哉がプロデュースしたミリオンセラーは20曲。アーティストは、trf、篠原涼子、H Jungle with t、華原朋美、globe、安室奈美恵の6組とスペシャルユニット「TK PRESENTS こねっと」である。

ここからはアーティスト別に、音楽プロデューサー・小室哲哉が手がけた楽曲を紐解いていく。

1

TRF

センセーションを生み出す挑戦

BOY MEETS GIRL
128.5万枚
1994年6月22日発表
作詞／小室哲哉　作曲／小室哲哉
編曲／小室哲哉

survival dAnce ~no no cry more~
137.6万枚
1994年5月25日発表
作詞／小室哲哉　作曲／小室哲哉
編曲／小室哲哉

masquerade
138.9万枚
1995年2月1日発表
作詞／小室哲哉　作曲／小室哲哉
編曲／小室哲哉・久保こーじ

CRAZY GONNA CRAZY
158.7万枚
1995年1月1日発表
作詞／小室哲哉　作曲／小室哲哉
編曲／小室哲哉

Overnight Sensation
〜時代はあなたに委ねてる〜
106.3万枚
1995年3月8日発表
作詞／小室哲哉　作曲／小室哲哉
編曲／小室哲裁・久保こーじ

なぜ「WOW」と「Yeah」なのか

ＣＤ総売上２２００万枚を記録するｔｒｆ（現ＴＲＦ）。メンバーは、ボーカルのＹＵ－ＫＩ、ＤＪ・サウンドクリエイターのＤＪ ＫＯＯ、ダンサーのＳＡＭ、ＣＨＩＨＡＲＵ、ＥＴＳＵの５人（デビュー時は11人）。１９９２年、小室哲哉プロデュースで日本初のテクノレイブユニットとして結成。ユニット名は“TK RAVE FACTORY”を意味する。

小室が手掛けた中で、初めて１００万枚のヒットを記録したのは、１９９４年５月発表の6枚目のシングル『survival dAnce ~no no cry more~』。小室は、TM時代に成し遂げられなかったミリオンセラーをtrfで成し遂げた。

trfはこの曲から『Overnight Sensation ~時代はあなたに委ねてる~』まで5作連続でミリオンセラーを達成。一気にスターダムにのしあがった。5作連続ミリオンは、ピンク・レディー、B'zに続いて史上3組目。それ以降もMr.Children、GLAY、AKB48しか達成していない大記録を打ち立てた。

当時、時代に漂っていた「昭和」の空気を一気に過去に押しやる勢いで、「平成」の世にダンスミュージックという新しい音楽のムーヴメントを巻き起こしたtrf。その快進撃を小室は、どう記憶しているのだろうか。

小室 『survival dAnce ~no no cry more~』は、僕にとって初めてのミリオンになりました。trfのデビューから2年目。もちろんうれしかったですけど、それより責任を果たせた安堵のほうが大きかったですね。
trfって、エイベックスの邦楽第1号のアーティストなんです。やっぱりそこで失敗できないという責任があって。もちろん僕だけじゃなくて、何十人、何百人という関係者が苦労してそこまで持っていったわけなんですけど、それでも「僕が何とかしなきゃいけない」という責任感はすごくあったんですよね。

それまで『EZ DO DANCE』の78万枚が最高だった。その後『寒い夜だから…』が70万枚近くで、オリコン8位。周囲からも「ミリオンを」「1位を」って気運が高まっていました。僕はどこかで「え、まだいいんじゃないの」ってところもあったんですけどね。TMでも届かなかったし、「本当にできるのかな…」っていう思いもあって。それまでCM、カラオケ映像、テレビ出演と手を尽くしてきた感があって、「ここまでやってダメならもうしょうがないかも」という気持ちがあったんです。

ところが、今度の曲にはいままでとは違う大きなチャンスがあった。フジテレビ系の木曜20時のドラマ「17才 -at seventeen-」の主題歌というお話です。ヒロインは人気絶頂の内田有紀さん。当時、ビーイング系の楽曲がドラマの主題歌になって100万枚、という流れが出てきていたので、周りも期待していた。あの時代のドラマ主題歌は、「宝くじに当たった」とか「万馬券獲った」みたいな感じ。それだけにしくじれないな、と。

主題歌が前提でしたから、徹底的にドラマの内容と視聴者層を分析して作ったんです。

まずは脚本を読ませてもらいました。いわゆる青春ドラマだし、友情とか成長が重要なテーマだったんですけど、僕の印象としては「生き抜く」とか「貫く」みたいな印象が強かったんですよ。「やりたいことをやれるだけやり抜こう」というか。そこから「survival dAnce」という言葉を作った。まぁ、そのまま訳したら〝生き残るためのダンス〟というニュアンスになってしまうんですけど、そこは〝存続させる〟という意味も含ませて。

そして、視聴者について。木曜20時なら、小学生・中学生も観ることを許してもらえるだろう、タイトルも「17才」ですし、ヒロインが内田有紀さんということを考えても、メインのマーケットは10代です。なので、「17歳の青春、はじけたい気持ち」というニュアンスを表現しつつ、ライブで踊る楽しい雰囲気をそのままに、を意識しました。

とにかく「楽しい!」ってことを意識させたかった。キャッチーで、カラオケとかパーティとか教室とか、みんなが集まるところでとにかく歌ってもらえるようにって心がけて。耳にするだけで〝真夏の雰囲気〟にしようと。それに、いまでこそ印象やキャラクターは違いますけど、当時の内田有紀ちゃんとYU-KIはボーイッシュなショートカットで、イメージが重なるところがあったんです。その面でも、ドラマの内容と主題歌を重ねてくれる人たちがいるかもしれない、話題を呼べるかもしれないという期待がありました。

では、夏の明るいイメージ、楽しいイメージを記憶に焼き付かせるにはどうするか。みんなで歌える曲にするにはどうするか。

そこで、思い切ってサビ部分を「Yeah」(※注　歌詞の表記はYeh)と「WOW」という言葉のリフレインにしてみたんです。それまで「WOW」とか「Yeah」って、伝えたい歌詞の前後に使って、際立たせたり、リズムをつけるために使ったり、掛け声みたいに使うことが多かった。歌の中で、自然に出るみたいな。フェイクって言うんですけど。でも、そうじゃなくて思い切って、サビそのものの歌詞として使ってみようって思ったんですね。

この試みは「斬新なフレーズだ」「1回聴いたらいつまでも頭の中で響く」みたいに評価してもらえました。今では「Yeah」と「WOW」については、僕の代名詞みたいに言われることがありますけど、これも考えた末のものです。前の年、1993年にCHAGE and ASKAの『YAH YAH YAH』が大ヒットして、男の子たちがみんなカラオケで「ヤー！　ヤー！」と盛り上がっていた。

男の子にはそういう盛り上がる曲があるけど、女の子にはあるんだろうか。そう思ったんですね。そこはまさに、「ぽっかりと空いている」ピースなんじゃないかと。女の子がひとりで切々と歌い上げる曲はあったけど、それまで女の子たちがみんなで盛り上がる曲ってそんなになかったと思うんですよね。だから、もう「YAH」は使えないけど、「Yeah」と「WOW」は僕が取っちゃおうと。

その後「WOW」とか「Yeah」って、結構いろんなアーティストさんに使われていくんですよね。つんく♂が、モーニング娘。の「ここぞ」という曲で使ったりとか、秋元康さんに、「小室くんの『WOW』については結構分析したんだよ」って言われたりね。乃木坂46の歌でも「WOW」は、使われているみたいですよね。

何かをきっかけに一般化したという例で言うと、映画『サウンド・オブ・ミュージック』で歌われた「ドレミの歌」ってあるでしょう。あれって映画の後に、みんなが歌うようになって、日本でもカバーされて、子どもが一番最初に覚える歌みたいになっていって、音楽の教科書にも載っちゃったでしょう。言ってみれば、音楽のオープンソースみたいなことってあるんですよね。「WOW」と「Yeah」も、僕がきっかけで、みんなに使われる言葉になっていたのかなって、ちょっと思いますね。

『survival dAnce ~no no cry more~』は、もちろんドラマタイアップというチャンスもあったんですが、その先まで広がったのは、当時のカラオケブームと、女の子たちの「はじけたい！」っていう気持ち、勢いに支えられたんじゃないかと思います。だから100万枚っていう、それまでの僕にとっての壁も超えさせてもらえた気がしますね。

イントロと口語体

で、その翌月に『BOY MEETS GIRL』を出すわけですけど、2か月連続リリースってていうのは、当時では異例でした。いまでもあまりないケースかもしれません。3か月おきにシングルを出して積み重ねて、アルバムでドンと売っていこうというのが普通ですよね。

でも、この時は勢いを出したかった。常にｔｒｆが話題に上る状況をつくりたかったんです。もちろん2か月連続リリースなんて、前もって進めておかなければできないこと。『survival dAnce ~no no cry more~』が売れたから緊急発売——なんてことは無理ですからね。

なので、お店でこの2枚が並ぶことを想定してジャケットのデザインを変えました。『survival dAnce ~no no cry more~』はドラマの主題歌だから、俳優さんを邪魔しちゃいけないということでメンバーの顔は出さないようにした。反対に『BOY MEETS GIRL』は、メンバーでＣＭに出るので、ｔｒｆを前面に押し出そうということで、メキシコで撮影した写真を使いました。

『BOY MEETS GIRL』は詞・曲・編曲と、いまでもそれぞれ評価してもらえることが多い楽曲です。最近、初恋のことを「BOY MEETS GIRL」って言うみたいですよね。僕がそれ90年代にタイトルにしたんだよって、ちょっと自慢したいですね。だからかもしれないんですけど、２０２０年代のいまでも現役感があるというか、Ｊ-ＰＯＰのクラシックにカテゴリされる懐メロ曲になっていない感じがするのがうれしいですね。

『BOY MEETS GIRL』では、冒頭のオリエンタルな響きのサンプリング音は何か、とよく聞かれるんですが、これはインドネシアのバリ島の伝統芸能であるケチャです。楽曲制作の合間に行ったバリ島で、この音に出合いました。

世界の民族音楽をダンスミュージックに取り入れる「トライバル」というジャンルがあって、そこへの興味を表現してみようと。パーカッショニストの仙波清彦さんの和楽器演奏を取り入れてみたり、子どもたちのコーラスを入れてみたり。いかに楽曲の世界観を一瞬で伝えて、その曲にひたってもらうか、歌ってもらうか。trfに限らずですが、イントロのフックでどれだけ多くの人の心をつかめるかってことに、ものすごくこだわってましたね。『寒い夜だから…』ではドラム音から入ったし、『survival dAnce ~no no cry more~』では「ため息」を使っています。

印象的なイントロをどう作るかはTM時代から相当意識していて、『Self Control』はクラップ（手拍子）の音から入ったり、『Get Wild』はサビをいきなり聴かせて、『Love Train』ではシンセで発車サインのようなゆがむ音を作ってみた。イントロが聴こえてくるだけでグッと高まるものを作る、というか。そのあたりの蓄積があったから、うまくいったのかもしれません。

イントロにこだわったのは「街鳴り」も意識していたことが大きいです。当時はコンビニが急激に増えだして、「街中で得られる情報がすごく増えたな」と実感していました。耳から入ってくる情報もインフレ状態になって、イントロに「あれ？」っていう引っかかりがないとそのまま流されてしまう。コンビニの店内でふいに流れてきたとき、気になる音というか、足を止めてしまうような音を意識しました。

そこに気づいてくれたひとりがユーミンで。ユーミンは、『BOY MEETS GIRL』を確かTSUTAYAで偶然かかっているのを聴いたっていうんですね。それで、ガツンとやられたって。詞の乗せ方が理屈で考えていなくて新鮮で、大好きな歌だって言ってくださってうれしかったですね。

メロディーでは、サビで一音上がるのが癖になるって言われましたね。サビの「星降る夜の」の「る」ってところ。メロディーを作るときは、まず曲の中でフックとなる部分からイメージします。それはたいてい、その曲で最も高い音を使ったところなんですけど、『BOY MEETS GIRL』でもまさにそうですね。

シンガーやリスナーにとって一番気持ち良いのはそういった部分。意外性というか、ちょっと難しいとそれを攻略したくなって歌うのを頑張る、練習するみたいなポイント。このあたりも当時のカラオケをイメージして、それを狙っています。

どうすれば気持ちを昂《たかぶ》らせることができるか、もしくはいかにしてピークへとボルテージを上げていくのか――作曲ではいつもその方法を考えていました。たとえば、冒頭から最高音を待ってくるパターン。もうひとつは比較的低い音から始めて、最も高い音へと除々に上げていく流れといったようなパターンとか。

歌詞でいうと「出会いこそ　人生の宝探しだね」とか「あの頃はいくつものドアをノックした」という言葉がいいって言ってもらえたかな。当時、若い世代のカルチャーを見ていて、狭い世界の中で楽しんでいる子たちが増えているなと思いました。なので、逆説的に〝出会いこそ　人生の宝探し〟というような、刺さるフレーズや口語体を意図的に歌詞に持ち込みました。

サビ前に来る「Wow Wow Wow Wow」のフレーズも、そのころ、若い子たちを観察していて思いついたんです。当時、若い子たちは何か共感することがあったら、『そうそうそうそう！』って必ずと言っていいほど4回連呼しているのに気付いたんですよね。だから、それを応用した。この曲に限らずですけど、このころから接続詞は「そして」「しかし」ではなく「だから」「だけど」「でもさ」みたいに口語体にしたいと思うようになっていました。若い人たちの日常にあるリアリティを描きたかったんですよね。昭和の歌謡曲って、「先生」と呼ばれるような職業作家によって成り立っていたから、10代のアイドルが歌う歌詞をおじさんが作詞するという状況が当たり前でした。

でも、この頃からボケベルの使い方とか、女子高生がトレンドを引っ張っていくようになっていました。そんなカルチャーを彼女たちの言葉やセンスで代弁したかったんです。

ダンサーたちとの約束

『survival dAnce ~no no cry more~』『BOY MEETS GIRL』の2曲をミリオンセラーに導いた小室は、翌1995年には怒濤の3か月連続リリースを仕掛けた。

1月の『CRAZY GONNA CRAZY』、2月の『masquerade』、そして3月の『Overnight Sensation~時代はあなたに委ねてる~』だ。『Overnight Sensation』は、小室が初めて「日本レコード大賞」を受賞する楽曲となる。そこには、どんな思いが込められていたのか。

小室　この3曲については『Overnight Sensation』から逆算して考えていった感じですね。音楽シーンも、この前年ぐらいからMr．Childrenがブレイクしてきて、違うムーヴメントが起きそうな予感があった。なので、燃えたぎるようにtrfの名前を出し続けておかなきゃって思いもあって。最初の『CRAZY GONNA CRAZY』を元日発売にしたのも、初売りで並べてもらって、新年最初のオリコンチャートで1位を獲って存在感を出したいという狙いでしたね。これは大正解だったと思います。この3曲が連続でミリオンになって、収録アルバム『dAnce to positive』の大ヒットにつながりました。

僕にとって、『Overnight Sensation』はtrfの到達点という意識でした。満を持して、ブラックミュージックの真髄をやるぞ、と。アメリカのソウルミュージックの代名詞的存在である「モータウン・レコーズ」からリリースされてもおかしくないぐらいの音にしたいって決めていました。

この曲を出すのは、trfのメンバーとの約束でした。特にダンサーチームであるSAM・ETSU・CHIHARUとの約束だったんです。

trfではデビューからずっと意識的にアップテンポのダンスミュージックをやってきました。これは戦略的な部分が大きかった。当時「ジュリアナ東京」の成功に見られるようなレイブサウンドの波があったことと、エイベックスがユーロビートの伝道師的な存在だったこともあって、その音楽を売りたいという思いが強くあった。さらに『EZ DO DANCE』のころは、日本の若い子たちに向けてカラオケだったりテレビだったり、視覚的にわかりやすいアプローチをしていかなきゃいけなかったし、タイアップも勝ち取らなければいけなかった。なので、trfのダンスチームが最も得意とするゆったりしたテンポの、ブラックなノリの曲は封印していたんです。ダンサーの3人はそうとう我慢をしていたと思います。『survival dAnce ~no no cry more~』『BOY MEETS GIRL』とミリオンが続いても、ダンサー陣には不完全燃焼なところがあると耳にしていましたし。ダンサーにとっては、足のステップが速くなければならないテンポの速い曲ほど、細かくて巧《うま》いテクニックが披露しにくいんですよね。

だけど、まず売れなきゃいけない。売れてからみんなが一番得意な音楽をやれるようにするから、こらえてほしいと言ったんです。その約束をかたちにして、すべて詰め込んだのが『Overnight Sensation』でした。

曲ができた後、車の中でテープをかけたのかな、ＳＡＭに聴いてもらったんです。「約束したよね、僕と。これならどうだろう」って。そしたら「最高です」と言ってくれて。それでホッとした。ダンサーチームへ感謝の気持ちを伝えられた気がしたんです。

その『Overnight Sensation』をリスナーの皆さんにも受け入れてもらうための、３か月連続リリースでもありました。だからその前の2曲はそれまでのｔｒｆらしさをしっかり押さえています。だけど、その一方で、かなり実験もしていて。

『CRAZY GONNA CRAZY』はｔｒｆの中でも最も売れたシングルになったんですけど、

Going toをGONNAって英語の口語体で言ってみたり。後半に出てくる「舞踏会の夜」という歌詞を使ったり、サビ終わりに『masquerade』のメロディーを入れたりして、翌月の曲との連動性も匂わせているんです。

『masquerade』も実験でしたね。「マスカレード」って「仮面舞踏会」という意味で、古くは同名曲が「オペラ座の怪人」の劇中歌にあったりもします。「燃え尽きそう火照《ほて》る体から」「叫ぶ竜神よ　あなたを抱きしめて」とかそういう官能的で危うい歌詞を文学的に捉えてもらえるのか、もしくはちょっと下世話、世俗的に捉えられるかとか、世間からどんな風に受け止めてもらえるかという実験をやったつもりです。歌詞としても楽曲の路線としても、『Silver and Gold dance』の続きという位置づけ。ちなみにイントロの音は、ギターじゃなくてシンセですね。シンセで、ギターのような音を出しています。

で、第3弾の『Overnight Sensation』だけど、リスナーの皆さんはやっぱり「あれ？これまでのｔｒｆと違う」って思ったかもしれないですよね。テンポが明らかに遅いし、激しいダンスもないし、みんな横一列に並んで、スタンドマイクで歌っているし。

この意図的に落としたテンポは、リスナーに受け入れられるかどうか不安だったのですが、それを見事にリスナーが受け入れてくれて、結果セールスもついてきたし、レコード大賞まで頂けた。ＫＯＯちゃんも「ｔｒｆの中で一番歌った曲」と言ってくれたし、ミュージシャンからもウルフルズが「衝撃を受けた曲」って挙げてくれたり。こんなソウルな曲でヒットできるのか、ということですね。

思えば僕自身、アース・ウインド＆ファイアーやスティーヴィー・ワンダー、ジャクソン５、マイケル・ジャクソン、シュープリームスみたいなソウルクラシックから影響を受けています。そういうルーツとなったものを、ｔｒｆというフィルターを通してヒットにつなげられたのはうれしかったです。真のｔｒｆが評価されたという思いですよね。

メンバー５人、あなたたちがいたから、まさに『Overnight Sensation』――一夜にしてセンセーションを起こせたというか。びっくりするようなことを日本でも起こせたんだぞ、って歌で証明できたというか。

『Overnight Sensation』は歌詞も新鮮だったと言ってもらえて。「委ねる」とか「モチベーション」とか。当時はまだ耳慣れない言葉だったんですけど、後になってＫＲＥＶＡくんが、「ひょっとしたら日本で最初に〝モチベーション〟って言葉を使った曲じゃないか」みたいに言ってくれたのも、うれしかった。

この歌の前の年のレコード大賞ってＭｒ．Ｃｈｉｌｄｒｅｎの『innocent world』だったんですよね。小林武史くんのプロデュース。桜井（和寿）くんの歌詞って、ちょっと難しい日本語、ちょっと歌いにくい日本語、カラオケで挑戦してみたくなる日本語が多かった。そういう流れに刺激されて言葉を選んでいた面もあったかもしれないですね。

ｔｒｆの登場以降、ＤＡ ＰＵＭＰやＡＡＡ、ＥＸＩＬＥ、ＢＥ：ＦＩＲＳＴなど数々のダンス&ボーカルグループが誕生し、ＤＪを志す若者も格段に増えていった。

２０１２年からは、ダンスが中学校の体育で必修化された。小学校の学習指導要領にも「表現運動」としてダンスが組み込まれており、子どもたちは、義務教育の9年間をダンスとともに過ごす時代になっている。またブレイクダンス（ブレイキン）が２０２４年のパリ五輪で正式競技に採用され、日本でもダンスのプロリーグ「D.LEAGUE（Ｄリーグ）」が開幕。ダンスがエンターテインメントからスポーツへと大きく時代を巻き込んでいる。もしも、ｔｒｆがいなかったら、と思う展開だ。

２０２３年、デビュー30周年を迎えたｔｒｆは、記念すべきアニバーサリーイヤーの集大成として、日本武道館のステージに立った。センセーションを巻き起こしたパイオニアとして、いまも未来への挑戦を続けている。

2

篠原涼子

アイドルをアーティストに

恋しさと　せつなさと　心強さと
（篠原涼子 with t.komuro）
202.1万枚
1994年7月21日発表
作詞／小室哲哉　作曲／小室哲哉
編曲／小室哲哉

音楽プロデューサー転向後、初の仕事

小室哲哉が手掛けたミリオンセラー20曲という金字塔。その中でも特筆されるべきは、売り上げ200万枚を超える「ダブルミリオン」を記録した『恋《いと》しさと　せつなさと　心強さと』『WOW WAR TONIGHT～時には起こせよムーヴメント～』『DEPARTURES』『CAN YOU CELEBRATE?』の4曲だ。

ダブルミリオンを初めて突破したのが、1994年7月発表の『恋しさと　せつなさと心強さと』（以下、『恋しさ』）である。大人気格闘ゲームをモデルにした劇場版アニメ『ストリートファイターⅡ』の主題歌として制作された。

歌うのは、篠原涼子。1990年、アイドルグループ「東京パフォーマンスドール」のメンバーとしてデビューし活動していた篠原は、1992年にソロとしてもデビュー。テレビのバラエティ番組にも積極的に出演するなど活躍の場を広げていた。

楽曲は、前項で触れたtrfの『survival dAnce ~no no cry more~』『BOY MEETS GIRL』の2か月連続リリースの翌月に発表されている。そのため同時期にヒットした曲という印象が強いが、小室のプロデュース方針は大きく異なっている。ダンスミュージックではなく、デビューから一貫して続けてきた女性アーティストへの楽曲提供の延長線上に位置する作風である。

当時、アイドルのかわいらしさが前面に出ていた篠原の印象が一気に変わったことも注目された。小室は、いかにして篠原をアイドルからアーティストへと押し上げたのか。

小室　200万枚ですか——。正直、こんなに売れるとは思っていなかったですね。ただ、すごく力は入っていました。trfは、TMNの時代から並行して動いていたプロジェクトでしたから、TMN終了後「音楽プロデューサー」に転向して初の仕事というと、篠原涼子さんになるんですよね。

お話を頂いたのは、94年3月だったと思います。アニメ映画の『ストリートファイターII』の主題歌で、有名無名問わず30〜40人のタレントさんから歌手を決めて、7月に発売——とあらかじめ段取りが組まれていました。思った以上に時間がなかったですね。通常ならリリースの8か月前にはプロジェクトがスタートして、制作期間は半年間くらいあるんですが、その半分くらいしかなかった。レコーディングは5月に東京ドームでやったTMN終了コンサートの翌日だったんじゃないですかね。2日間で10万人近くの方々にTMを見送ってもらってその次の日、ということですから本当にバタバタですよね。

なぜ篠原涼子さんに決めたのか。彼女を選ばせて頂いたのには、いくつか理由があるんです。

第一は、声質の良さです。人が気持ちよく感じる周波数のストライクゾーンを押さえていると感じましたし、アニメの色にも合っていた。

もうひとつはキャラクター。僕は彼女が所属していた「東京パフォーマンスドール」に楽曲を数多く提供していて、ライブ会場にも何度も行って彼女たちの様子を見ていました。篠原さんは、東京パフォーマンスドールの中では物静かなほうだったんですが、話してみるとパッと華がある。

それに、当時、篠原さんはフジテレビの「ダウンタウンのごっつええ感じ」に出演していて、顔が売れ始めていた頃でした。テレビでその姿を見ていると、「東京パフォーマンスドール」での姿とのギャップがすごい。この子は負けない子だな、くじけないだろうなと思ったんです。そのガッツと可能性に賭けてみようか、と。

篠原さんは、気合が違っていましたね。何にでも挑戦するぞ、食らいついてやるぞ、という感じなのがわかる。この世界でスターを目指そうという女性たちは、どの方も魅力的で、言ってしまえば「みんなかわいい」わけです。それでもチャンスをつかむ人と、そうでない人がいる。そう考えると、最後の判断基準は、「根性」というか、「負けん気」というか、そういう精神的なものが大きいと思って選んだんです。

実は「もっと名前が売れているタレントを使って何としてでもミリオンを」と耳打ちする人もいたんです。でも、篠原さんしかないだろうと。

こう言うと「僕の作戦がズバリとハマった」みたいな自慢話に聞こえちゃうかもしれませんけれど、『恋しさ』については、実はそうではなくて。周りの意見に耳を傾ける大事さも思い知りました。

実は当初、篠原涼子さんに歌ってもらうのは別の曲を想定していたんです。最初に提示したのは、後に『恋しさ』のカップリング曲になる『GooD Luck』というバラードでした。僕はこちらを主題歌にしたかったんですけど、映画のプロデューサーさんや制作の皆さんが、音楽にこだわりのある方で、粘られたんです。もう納期も過ぎていたんですが、プロデューサーから「どうしても、もう1曲作ってほしい」と電話があって。

その依頼は具体的でした。こういうふうに言われたんです。

「小室さん、trfさんの『寒い夜だから…』のイントロの『ダ・ダン、寒い〜♪』です。あんな風に、曲のド頭に歌詞とメロディーがいっぺんに印象的に出てくるような曲を篠原涼子さんにもお願いします」

そのほうが覚えやすいから、ということでした。それで「ドンドン、ドドンドドン、恋しさと〜♪」で始まる曲になったんです。

3人の小室哲哉

ギリギリの時間の中で、このオーダーに応えることができたのは、僕が作詞・作曲・編曲・プロデュースすべてを担っていたからなんですよね。それぞれの担当が別の人だったら、全員集まって改めて打ち合わせをしなくちゃならない。そんな時間はなかったんです。『恋しさ』の方向転換は成功でしたけど、その時の「音・歌詞・曲、いっぺんにお願いします」っていうオーダーは大きな転機になりました。これがきっかけで「これは全部ひとりでやらないとダメだな」って強く感じたんです。それで、その後の「作詞・作曲・編曲小室哲哉」っていうパターンができあがっていくんです。

でも、僕の頭の中では「ひとりですべて考える」っていう感じではない。自分の頭の中で「曲を作る小室さん」「歌詞を作る哲哉さん」「アレンジをやるてっちゃん」みたいな感じで、3人の担当者が鼎談《ていだん》しつつ曲を作ってる感じですね。

「いや、ちょっとダメなんじゃない？　今回、歌詞」

「メロディーだって弱いよ」

「いや、イントロでインパクトある音を作れば何とかなるでしょ」

みたいな（笑）。

「3本の矢」じゃないですけど、詞・曲・音がそれぞれ批判しつつ理解して、深めていければこれほど強いものはないじゃないかって思ったんですね。

この曲のタイトルにもなっている「恋しさ」という言葉ですが、本来これでは「いとしさ」とは読めないですよね。正しくは「愛しさ」です。

作曲家の僕が、「曲の始まりには〝いとしさ〟という音がいいよね」という。でも、作詞家の僕が「でも〝愛しさ〟だと、『愛の讃歌』だとか『愛燦燦《さんさん》』だとか、たくさん『愛』って言葉を使った曲があるから、埋没しちゃうよ」と反論する。そんな頭の中のやりとりの中から、「恋しさと書いて〝いとしさ〟と読ませる」という解が導かれたという感じですね。

曲を作ってから歌詞を書いていると、どうしても合わせたい言葉によってメロディーを変えたくなる時があるんです。専業の作詞家・作曲家だったら対応できないですよね。でも、詞も曲もトラックも全部を自分で手掛けていたから、言葉が浮かんだ時に譜割りを変えたり、音に合わせた新しいリズムを入れたりできたんです。実はこれって創作において自由度がとても広がるポイントだと思います。

小学生を取り込む「Wジャケット」

「3人の小室哲哉」によって生まれた『恋しさと せつなさと 心強さと』は、オリコンチャート初登場27位からスタートするが、週を重ねるごとに少しずつランクアップし、9月

（26日付）と、10月（10日付）に1位を獲得した。発表から2か月が経過しての1位獲得は異例だった。

想定外のロングヒット――。プロデューサー・小室哲哉は当時、どんなことを考えていたのか。

小室　CDって「最初に何枚出荷しようか」というプランがあって、それを「初回出荷枚数」とか「イニシャル」とかって呼ぶんですけど、この曲は少なくて、たしか2万5000枚くらいじゃなかったかと思います。当時の篠原さんの知名度からそういう設定になったんですけど、僕はその10倍はいってほしいと思っていました。

じわじわとブレイクしたのは、やはり「ストII」の主題歌だというところが大きかったんじゃないかと思いますね。

夏休みになって、映画館で「ストII」を観た小学生がエンディングで流れるあの曲を聴いて、お父さんお母さんに「あの曲のCDを買って」とねだる。映画館で観た人の記憶が強くて、それでだんだん火がついたんだと思います。

200万枚も売れたのは、いろいろな戦略とラッキーが重なった結果だと思いますけど、物理的にできることに限りがある中で、CDをヒットさせるためにどれだけ戦略的な材料を詰め込んで、広がりをもたせられるか——非常に頭を絞りました。

僕にとって「音楽プロデューサーに転向します」って宣言をした1曲目だったので、これが無風で終わっちゃったら、ちょっと大変だなっていう思いがあった。なので、いろんな仕掛けをやったんです。


「ストⅡ」のメリットを活かすために、CDジャケットにはこだわりました。表面は「篠原涼子のアーティスト写真」、裏面は「アニメの絵柄」にして、篠原ファン、アニメ・原作ゲームファンの両方をターゲットにできるようにしました。そうすれば、レコード店の店頭でも、2倍の面積とまではいかなくても、全然違う2か所の売り場を確保できるかもしれない。そういうデザインにしたんです。

これは、TMの時に発表した『BEYOND THE TIME～メビウスの宇宙を超えて』(1988年)で試したことなんです。映画『機動戦士ガンダム 逆襲のシャア』の主題歌で、ジャケットの裏面にアニメの絵が入っていた。そうすれば、FANKSと呼ばれる僕らTMのファン以外の、ガンダムファンにも伝わるだろうと。それを篠原さんの時にもやってみたらいいのではないかと提案しました。

「篠原涼子 with t.komuro」というクレジットも、いろんな人に曲を届けたいという視点で考えたことですね。「アイドルじゃなくて、ソロアーティストの歌なんだ」ってことを強く印象づけたかった。

最初は心配もあって、テレビ局のスタジオとかの隅っこで篠原さんの様子を見ていたりしてたんですが、そのうち「小室くん、いるなら出てよ」って言われてスタジオで弾いたりするようになって。それからはプロモーションの一環として、彼女と一緒にメディアに出ましたね。TMN終了時に「今後はプロデューサーとして裏方に徹する」と宣言していたのでバツが悪かったですが、でも、やっぱり売れなきゃ意味ないな、と。

歌うときは歯を見せないで

「with t.komuro」として、篠原の後ろでシンセサイザーを演奏する小室の姿は「音楽プロデューサー・小室哲哉」を浸透させるきっかけにもなった。こうした中で、小室はプロデューサーとして、篠原をアーティストに押し上げるために、どんな仕掛けを施したのか。

そこには、「ストII」に登場するあるキャラクターがヒントになったのだという。

小室　当時、篠原さんにはひとつだけお願いをしていました。それは「歌手活動のときだけは歯を見せて笑わないで」ということです。

曲を作る時にイメージしたのは「ストII」に出てくる紅一点のキャラクター、春麗《チュンリー》なんです。春麗自身が強くて戦う女性ですが、笑顔を見せるのは、本当に想っている男性にだけ。そんなイメージを大事にしたんです。

なので、篠原さんにも、歌う時はちょっと怒ってんのかなって思われてもいいから笑わないでください、話さなくてもいいです、って伝えましたね。

当時の社会背景が、そんな女性像を求めているという実感がありました。これからは自立した女性の時代だっていう背景を、彼女に重ねてほしかったんです。社会に出て仕事をしたり、ひとり暮らしをしたり、と、この時代に描いていた女性像として〝負けずぎらいで涙を見せない人〟っていうのが、僕の中にあったんですね。泣きたくて泣きたくて、でも人前では泣かないという。『恋しさ』は、この時代だから生まれた曲かもしれません。

篠原さんのプロデュースについては一任されていたので、せっかくだったら、バラエティ番組の時とは真逆の姿を見せたいな、と。「バラエティではいくら大笑いしてもいいから歌の時は歯を見せて笑わないで」と。ギャップを出しましょう、と。結果、ちゃんと僕が思い描く「かっこいい」方向を向いてくれました。篠原さんの芯にある凛《りん》とした力強さが立ち上がってきたんですね。

篠原さんのかっこいい「自立した女性像」を、どう広めていくかも考えました。これはtrfの時と同じく、「ミュージックビデオ」と「カラオケ」が軸になりました。

まず、ミュージックビデオ撮影。篠原さんだけじゃなくて、僕も一緒に出ていくことにした意図は、アーティスト名に僕の名前を入れたのと同じです。ただのアイドルが歌うんじゃなく、僕がプロフェッショナルな音作りをして、そのうえで、ボーカルも評価してほしいという思いを強く伝えようとしました。

そして、レコード会社を通して、その映像をカラオケボックスで流してもらえるよう頼み込んだ。当時はカラオケボックス全盛期。部屋の中では老若男女を問わず、熱っぽく歌っている姿があったんですよね。演歌歌手だけではなく、この場に篠原さんを登場させれば、きっとCD購買者層とカラオケ利用者層が相乗効果で広がるんじゃないかと。trf、篠原さんと、どちらもこの狙いはハマったと思います。

1994年の発表から28年が経った2022年。『恋しさ』は、ゲーム「ストリートファイターII」の新作発表がきっかけとなり『恋しさと せつなさと 心強さと2023』としてリアレンジされた。

この楽曲で、篠原は2022年の「第73回NHK紅白歌合戦」に出場。当時と同じキーで歌うシーンは、少女から淑女になった彼女の存在感を印象付けた。

小室　この曲をずっとずっと、皆さんが歌ってくれたおかげですよね。紅白にはピアノ演奏で、僕もシークレット出演をしました。リハーサルでも登場しなかったから、司会の大泉洋さんが驚いていました。実は、篠原さんが初出場した1994年、僕は出ていないんです。「with t.komuro」ではオーダーされなかった。だから、28年経って一緒に紅白のステージに上がれて感無量でした。曲が、僕を紅白に連れて行ってくれたんです。

篠原さんはその後、俳優としてジャンプアップしていきますが、そのきっかけとなったうれしい仕事でしたね。

3

H Jungle with t

「芸人アーティスト」最大のヒット

すべては浜ちゃんの一言から

ダウンタウンの浜田雅功と小室哲哉による音楽ユニット「H Jungle with t」。当代きっての人気漫才コンビ・ダウンタウンがMCを務めていたフジテレビ系の音楽番組「HEY!HEY!HEY! MUSIC CHAMP」にて、浜田が小室に「僕にもヒット曲をプロデュースして欲しい」と言ったことがきっかけとなり結成、1995年3月『WOW WAR TONIGHT～時には起こせよムーヴメント～』（以下、『WOW WAR TONIGHT』）でデビューした。

WOW WAR TONIGHT
～時には起こせよムーヴメント～
213.5万枚
1995年3月15日発表
作詞／小室哲哉　作曲／小室哲哉
編曲／小室哲哉・久保こーじ

Going Going Home
126.0万枚
1995年7月19日発表
作詞／小室哲哉　作曲／小室哲哉
編曲／小室哲哉・久保こーじ

楽曲は当時、最先端だった「ジャングル」のリズムを使ったものだったが、サラリーマンを中心に「歌いやすい」「みんなで盛り上がる」とカラオケで人気となり、200万枚を超える「ダブルミリオン」の大ヒットを記録した。

さらに、7月に発表された2枚目のシングル『Going Going Home』もミリオンセラー。ユニットとしては、翌1996年の3枚目のシングル『FRIENDSHIP』がラストとなったが、お笑い芸人による音楽ユニットとして、過去最大の成功を収めた。

こうした著名人を起用する場合、ややもすればタレントの人気に頼った安易な楽曲作りに陥るケースも考えられなくはない。音楽プロデューサーとしては、いかに話題性を保ちながら、作品性を高めていくか問われる場面だが、小室は浜田を見事にアーティストへと高めた。そこには、どんな戦略があったのだろうか。

小室　篠原涼子さんと『HEY!HEY!HEY!』にゲスト出演した時、浜田さんから「小室さんに曲を作ってもらったら絶対売れるんやから、僕にも作ってくださいよ」みたいに冗談めかして言われたことがきっかけでした。

その時、僕は瞬時に「やりましょう」と答えました。トークが重要な番組ですから、話を膨らませるのが当然という面はありましたが、一方で「これはイケる」と直感が働いたのも事実。浜ちゃんは、「まさか本気にするとは」と言っていましたけどね。

直感の理由をよくよく考えてみると、1冊の本の存在が大きかった。松本さん（松本人志）が書かれた『遺書』というエッセイです。すごい勢いで売れていて、結果的に200万部を超えたんですね。これは、やっぱりファンの力がすごいんだろうって思ったんです。お笑いファンというより、ダウンタウンという2人の力なんだろう、と。

売れているお笑いコンビってたくさんいますけど、コンビのどちらかの強烈な個性とか才能で引っ張っていることが多いんですよね。だけど、ダウンタウンはバランスがイーブンなんですよ。圧倒的な松本さんがいるから…とか、浜田さんが突出しているから…ということじゃなくて、両者の関係性が対等に成り立っている。

松ちゃんのために1000円ほどの本を買う人が200万人いる。だったら、浜田さんの音楽でクオリティの高いものを届けたら、シングル1枚に1000円払うよっていうのは、全然アリだなと思った。まず、そういうコンセプトで作りました。

発売前、浜田さんは「小室さんの作った曲は全部売れてるのに、これで売れへんかったら俺のせいや」みたいに言ってて。だけど僕は「1位とれます」「1か月で100万枚いきます」と断言しました。ダウンタウンにはそれだけの力がある、と確信していました。

『WOW WAR TONIGHT』のタイトルに「2 Million Mix」と書いたのも、100万枚は

おろか、200万枚も夢ではないということを込めたんです。

楽曲は、もちろん何でもいいとは思ってないけれど、「ちょっと攻めたこと」をやるほうが浜ちゃんには合っていると考えました。ダウンタウンは、その前年（94年）には、教授（坂本龍一）、テイくん（テイ・トウワ）たちと「GEISHA GIRLS」というユニットをやっていて、僕も『炎のミーティング』という曲を作らせてもらいました。このユニットはラップだったり、いろいろ実験的なことをやっていたんですよね。

それで、ロンドンで流行していた「ジャングル」をベースにすることにしました。ダウンタウンのビデオを観た時に、浜田さんの声やテンポが当時ロンドンで流行していた「ジャングル」のリズムに合うと感じたんですよね。

その頃、ロンドンで「ジャングル」が来てるということで、trfのKOOちゃんとジャングルのイベントを隔週でやっていたんです。KOOちゃんがジャングルを流しているところに僕がシンセサイザーを持っていって、そこでアドリブでセッションしていたんです。その時の手応えがあってのH Jungle with tでした。ドラムンベース、バングラビート、バングラマフィンとか、いろんなジャングルの曲をトライして。KOOちゃんが、もう東京中からレコード買い集めてやってましたね。そういう地ならしがありました。

浜ちゃんが松ちゃんにツッコミを入れる時、頭をはたきながら声を張りますよね。あの声を聴きながら、「ここまで高音が出せるんだな」とか思いながら、作曲しました。サビで声を張ってもらって、それを印象的なポイントにするために転調してみたり。

それと、「GEISHA GIRLS」でも一緒にやられていたし、この楽曲にはぜひ松ちゃんにも参加してほしかった。ただ、企画がはじまった経緯からして、「これは浜田の仕事やから」みたいな雰囲気もあって、「スタジオに来てくれませんか」みたいな軽い感じでは誘いにくかったんですよね。

じゃあこちらから出向いてお願いしようってことで、松本さんがレギュラーのラジオ番組のスタジオに伺って、「B・U・S・A・I・K・U・H・A・M・A・D・A」(ブサイク浜田)っていう曲間のセリフとか、曲の最後のダウンタウンの思い出語りを、全部そこで録らせてもらったんですね。ロケって感じですよね。

松ちゃんは「大したことはできないですけど」ってノリだったんですけど、それでもいろいろとアイデアを出してくれて。最後の部分は、ラップはもちろん無理なので、お話でいいので、何かできませんかというお願いをしたんですね。「もう勝手に喋っていいんですか、ほんなら喋ります。適当に使ってください」と言ってもらって、語って頂いたという。実は、まだまだあれ使ってない部分があるんですよ。CDでは、フェードアウトにしてますけど、その後もずっと喋ってくれているんです。その時、松ちゃんって浜ちゃんのことをすごく大切にしてるんだなって実感しましたね。すごく好きなんだな、浜田さんのことをって思いました。

松ちゃんパートは、「ゴニョゴニョ何を喋っているのか」と引っかかりを持たせることで、街やテレビで聴くだけでなく、実際にCDを買って繰り返し聴いてもらうための演出として使わせてもらいましたね。

吉田拓郎『旅の宿』の影響

テレビ番組から生まれた『WOW WAR TONIGHT』は、当初1995年3月8日に発表が予定されていた。これはｔｒｆの『Overnight Sensation～時代はあなたに委ねてる～』と同じ日に発表し、インパクトを強める作戦とされていた。

ところが、発売前からCDショップへの問い合わせが殺到。初回出荷枚数だけで100万枚を突破するという異例の事態となったため、ｔｒｆのシングルから発売を1週遅らせる変更がなされたという。単なる番組の企画曲から一転、話題曲へと格上げされた『WOW

WAR TONIGHT』は、オリコンチャート初登場以来、7週連続で1位を記録。1995年を代表する楽曲として、「第46回NHK紅白歌合戦」にも出場した。

紅白のステージでは、クラブのフロアをイメージしたお立ち台で浜田と小室、そして無数のダンサーが盛り上がる中、松本人志がGEISHA GIRLSの格好でサプライズ出演。「松ちゃんも紅白に出るのか?」という当時の期待に応える演出が話題となった。

なお、小室はこの楽曲で「世界で初めてジャングルで100万枚を売り上げたプロデューサー」として、イギリスのサブカルチャー雑誌『i-D』にも特集される。

話題性を上回る結果を残す『WOW WAR TONIGHT』。その一方で、この楽曲には「裏テーマ」があった。それは、音楽界の重鎮たちに「小室哲哉」という存在を認めてもらいたい、という秘めた思いだった。

小室　その頃、僕はフォークの重鎮の方々にあんまり認められていないいなぁ、という思いがあったんです。新しいジャンルの音楽ばかりをやっていたから「音楽の基礎ができていない」とか、ポップスやフォーク、ロックなど「従来の音楽に深い理解がない」みたいな先入観を持たれていたのかもしれません。

それまで僕は、男性ミュージシャンへの楽曲提供やプロデュースの機会がほとんどありませんでした。それには大きく2つの理由がありました。

ひとつは、日本には若い男性のアイドルグループが数多くあり、明らかに飽和状態だったこと。もともと女性アイドルへの楽曲提供を主戦場としてきていたし、「空席を狙う」という考え方が強い僕には、手を出すべきところではないように思えていました。

もうひとつは、やはり僕にとってTM NETWORKが特別だったから。長く一緒にやってきたウツ（宇都宮隆）以外の男性ボーカルには、あまり曲を作るイメージを持てなかったことがあります。

でも今回、音楽業界とはほとんど縁がなかった浜ちゃんだからこそ、男性だけどプロデュースをすることになった。しかも話題になって、楽曲を多くの人が耳にすることは確実。これは絶好の機会だと思ったんですね。僕が長く聴いてきていて、リスペクトしている日本の音楽業界の大先輩たちにも伝わる曲を作って、「小室、お前ちゃんとわかってるじゃん」と思ってもらいたかった。

『WOW WAR TONIGHT』は、「ジャングル」でダンスミュージックとして強く押し出す一方で、実はギター1本で弾ける、歌えるものにしたんです。楽曲の構造も、リズムと飾りをすべて取っ払えばフォークソングそのもの。吉田拓郎さんや井上陽水さんといったフォークの大御所たちへの僕なりのリスペクトをたくさん込めているんです。

まず意識したのは、吉田拓郎さんの『旅の宿』ですね。Aメロに出てくる「温泉でも行こうなんて　いつも話している」の「温泉」は、拓郎さんの『旅の宿』に出てくる温泉をイメージしています。他にも、この部分は陽水さん風に、とかいろいろフォークのイメージを落とし込んでます。

そんな想いが伝わったのか、だいぶ後になって、僕がMCの音楽番組に拓郎さんがゲストで来てくれた時、「小室くんの曲で1曲だけすごくいいと思うのがある。『WOW WAR TONIGHT』が大好きだ」みたいに言ってくれて。70年代のポップアイコンとして到底かなわない存在で、尊敬する拓郎さんに評価してもらえたのはうれしかったですね。

フォークを意識したことで、多くの世代に認めてもらえる楽曲になったと思います。お茶の間で絶大な人気の浜ちゃんがせっかく歌うなら、若者だけじゃなくて、拓郎さん世代の人たちにも歌ってもらえるといいなあと思っていましたから。会社でいうと、上司にあたる世代というか。部下と上司が一緒に盛り上がれる、そんな素敵な曲があったらいいな、と。この曲がカラオケの「締めの歌」の定番になったと聞いて、うれしかったです。みんなが肩を組んで歌っていると。それ以外でも、陽水さんと付き合いが深い奥田民生さんが褒めてくれたり、フォークが大好きなTMの木根（尚登）さんやウツが「こんな曲書けるんだ」と言ってくれたり、それまでとは違う広がりというか、手応えがありましたね。

ｔｒｆで新しいダンスミュージックを打ちだして、セールスも残してという いい流れの一方で「若者だけを対象にした一過性のブームと思われたくない」「もっと幅広い層に応援団を増やしたい」という思いが強かったんです。

きっとサラリーマンでもそうだと思うんですけど、自分の仕事を応援してくれる人が上の世代や下の世代、別の部署にもいると強い。それと同じ意味合いで、「小室哲哉」というものへの安定した支持基盤をしっかり持ちたいって思っていたんですね。この曲にはその思いをしっかり詰め込んだので、いろいろと盛りだくさんになりました。

90年代って、僕だけじゃなく、１００万枚を出してるアーティストってものすごく多いんですよ。1アーティスト1作品だけって場合もあるでしょうけど、ミリオンセールスは何十曲もあった。でもブームはいつか必ず終わる。だから、これまで僕の楽曲に縁遠かった人にも響くものを作ることで、少しでも延命できればって気持ちはありましたね。

窓に映ってる素顔を誉めろ

支持層を広げたいという思いを、歌詞やメロディーに忍ばせた『WOW WAR

TONIGHT』。とりわけ「窓に映ってる素顔を誉めろ」という歌詞が共感を呼んだ。当時、バブル経済がはじけ、疲弊を極めていた日本社会にとって「他者の評価よりも自己肯定をしよう」という表現は、楽曲を通じた小室の提案として前向きに受け入れられていく。

なお、アトランタ五輪の女子マラソンで銅メダルを獲得した有森裕子が、レース後に「自分で自分をほめたい」と語り、新語・流行語大賞に輝くのは翌1996年のことだ。

小室　歌詞は、超売れっ子の浜田さんの忙しさと、僕の忙しさがオーバーラップしたので、それをサラリーマンの忙しさと重ね合わせて、彼らへの「応援歌」になぞらえたんです。

僕がイメージしていたサラリーマンは、テレビ局の新人テレビマン、ADみたいな感じですよね。背広のサラリーマンと会う機会はそんなにないので、僕にとって身近なのはそういう人たちでした。あの頃のテレビ局って、もう本当に疲れ果てて平気で床で爆睡していたりして。それでもって、上の人たちに怒られてばかりで、まったく誉めてもらえない。そういう光景を思い出しながら、歌詞を書きました。

この曲が完成した時、ダウンタウンと僕のファンだけでなく、もっと広がると直感できました。老若男女、会社の同僚たちがカラオケで歌う――そんなシーンがイメージとして「見えた」ので、想定以上のムーヴメントが起きるぞ、と。

そこで、より親しみを持たせたいと思って、サビのコーラスはプロではなく、KOOちゃんに頼んで、六本木のクラブで踊っていたお客さんに声をかけて歌ってもらいました。踊っていたみんなで「Wow Wow War～♪」ってやったのが、あの曲のコーラスです。みんな楽しくやってくれたんで、あれだけのテンションになったのかなと思います。

「窓に映ってる素顔を誉めろ」という歌詞は、94年の大みそかのアクシデントから生まれたものです。確か浜ちゃんが年明けに仕事でハワイに行くことになっていて、95年の1月1日、つまり元日までに仮歌付きのデモテープを完成させなきゃいけなかった。

だけど、歌詞が間に合わない。一刻を争う状況だったんですけど、お腹が空いたんで、スタジオ近くの牛丼屋さんにひとりで行ったんです。そしたら、お客は僕ひとり、店員もアルバイトらしき子がひとりで。

で、食べ終わってお金を払おうとすると、財布がない。まるで「サザエさん」みたいな話ですけど、財布を忘れて来ちゃったんです。

それで店員さんに、「お財布を取ってくるから待っててくれます？　ごめんなさい」みたいなことを言ったと思うんですけど、そしたら「いいですよ、僕、おごりますから」って。自分のお財布を出して、牛丼をおごってくれたんです。で、そのことに感謝しながらスタジオに戻ったら、「窓に映ってる素顔を誉めろ」――この言葉が出てきたんです。きっと、アルバイトの彼はまたここから、バイクか電車かわかんないけど、家に帰るんだろうな、仕事が終わって、家路につくんだな、と。

「流れる景色を必ず毎晩みている　家に帰ったらひたすら眠るだけだから　ほんのひとときでも自分がどれだけやったか　窓に映ってる素顔を誉めろ」というのは、電車かバイクかそれとも車か。いろいろなシチュエーションに共通する光景だなと思ったんです。誰もが自分を重ねてくれるはずだと。車内から景色を見ているとふとした瞬間に反射した自分の顔が映る。その時に、あなたの素顔を誉めてください、と。だから、「たまにはこうして肩を並べて飲んで」っていうのも、牛丼屋さんのカウンターみたいなイメージでしたね。

先ほども話したように、作詞・作曲・編曲の3人の小室哲哉で、頭の中で打ち合わせしながら曲を作っていくのが僕のやり方なんですけど、この時ばかりは作詞家の僕が「どや顔」でしたね。「どうよ、この歌詞?」っていうね。

歌詞は、浜ちゃんも共感してくれました。「僕のことをわかってて書いてくれてるのかな。一生懸命何かやってる人間に対しても当てはまるんやないかなぁ。だから自然に、素直に歌えたのかもしれへんなぁ」と振り返っているようですね。歌い手が共感してくれているなら、その先のリスナーにもきっと響く。牛丼屋さんのアルバイトの方、いまだにどなたかわからないんですけど、感謝していますね。

夏の終わりの大失恋ソング

H Jungle with t は『WOW WAR TONIGHT』の後、1995年7月の『Going Going Home』、1996年4月、浜田が主演した日本テレビ系ドラマ「竜馬におまかせ!」主題歌の『FRIENDSHIP』の計3枚のシングルで活動を終了する。

浜田が番組で発したひと言から始まった異例のプロジェクト。小室が音楽プロデューサーとして、浜田に託していたのは、どんな思いだったのだろうか。

小室　3曲とも、浜田さんには「主人公」を演じてもらったという感じでした。当時、俳優業も積極的にやられていて、もしかしたら本格的に演技の道を目指すのかなって勝手に思っていて。根掘り葉掘りは聞けなかったんですけど、歌では、お笑いの浜ちゃんとは違った浜田雅功を「演じて頂こう」っていう狙いでしたね。

『Going Going Home』は、夏の終わりの大失恋ソングというコンセプトでした。イメージとしては、関西弁にこそしなかったですけど、BOROさんの『大阪で生まれた女』とか、上田正樹さんの『悲しい色やね』といった曲を参考に作りました。

歌詞は、浜ちゃんからアイデアをもらいました。大事な女性のところに帰るような歌詞にしてくれっていうリクエストがあったんです。「そんなニュアンスが出てくればいいなぁ」みたいにポロッと言われたんですね。そこでタイトルには「故郷に帰る」という意味だけでなく「自分の大事な人・大切な女性」のところに帰るって意味も込めています。影で心の支えになってくれていた人に気づくという感じです。

バカンス風なミュージックビデオは、サイパン島の近くのマニャガハ島で撮影しました。二人とも忙しかった中で時間を作って、とても楽しかったですね。

当時、「ハマダー」なんて呼ばれて、浜ちゃんはヴィンテージ古着のファッションリーダーみたいになっていましたけど、サーフィンも含めてそういうカルチャーの部分も踏まえて作った曲です。あと、女性に対する立ち位置。面と向かって愛情や感謝の気持ちを言えないから、歌を通して自分の思いを伝えるっていう、そういう不器用な男の役を演じてもらいました。浜田さんからもそういう男性を表現してほしいと言われた気がします。

お笑い芸人から学んだこと

小室　H Jungle with tは、僕にとって大きな意味を持つプロジェクトでした。まず、お笑いという未知のジャンルの専門家と仕事ができたこと。女性アーティストのプロデュースが多い中で、男性のプロデュースを成功させることができたことです。

お笑いの方の集中力のすごさもわかりました。レコーディングに来た浜ちゃんがまたすごいんですよ。

ブースに入って「ちょっと歌ってみましょうか」となった時、浜ちゃんは音が流れたら即本番だと思ったみたいで、アタマから最後まで全力で歌ったんです。

一応目の前に歌詞は用意しているんですけど、浜田さんは1曲全部頭に入っていて、歌詞を見ないんです。きっと漫才の本番に臨むのと同じ気持ちだったんじゃないでしょうか。ご自分の中でしっかり練習して、用意されてきたんじゃないですかね。今で言うファーストテイクですよね。そうしたら、その一発目の歌がもう、すごく良かったんですよ。

レコーディングを何度も経験されていたら、「ちょっと声慣らししてから〜」とかなるじゃないですか。それを最初から全力でやってくれたんです。すごく良かったので「これいいいなぁ！　ここの部分もっと思いっきり！」ってお願いして、それで2テイク目やって、ほぼOK。最終的には4テイク・わずか1時間半でレコーディング終了でした。やっぱり一流は本番の爆発力がすごいな、と感じましたね。

少しだけ自慢できることと言えば、テレビでは見られない、浜ちゃんの「素」というか「素顔」の部分を、歌を通して引き出すことができたのかな。浜ちゃんって、その場、その場で、「素」の部分をパフォーマンスで表現できる人だと思うんですよ。でも、それが続くと、素を見せることが演出になって、それ自体が「パターン化」されてしまうと思っていたんですね。

そんな浜ちゃんが、歌というまったく違う世界に挑戦することで、逆にパターン化されていない「素」の部分が出せたんじゃないか。そんな姿に、皆さんが共感して、ともに歌い、ともに励まし励まされたのかなと思っています。

2024年5月。H Jungle with t が、28年ぶりにライブで復活した。舞台は、浜田が主催する音楽フェス「ごぶごぶフェスティバル」だ。H Jungle with t がライブに出演するのは、1995年に小室がオーガナイザーを務めたイベント「avex dance Matrix '95 TK DANCE CAMP」以来となる。『WOW WAR TONIGHT』が起こしたムーヴメントは、いまも多くの人たちの心に鳴り響いている。

4

華原朋美

シンデレラガールの誕生

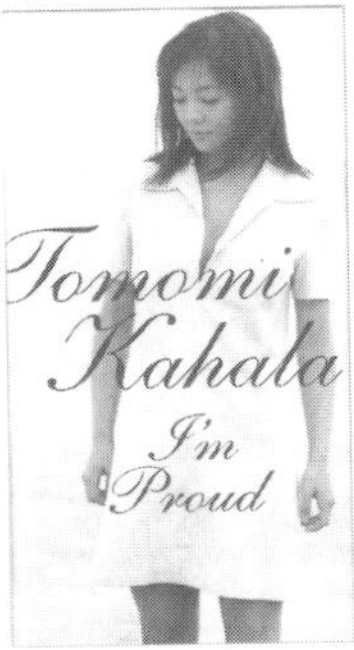

I'm proud
139.0万枚
1996年3月6日発表
作詞／小室哲哉　作曲／小室哲哉
編曲／小室哲哉

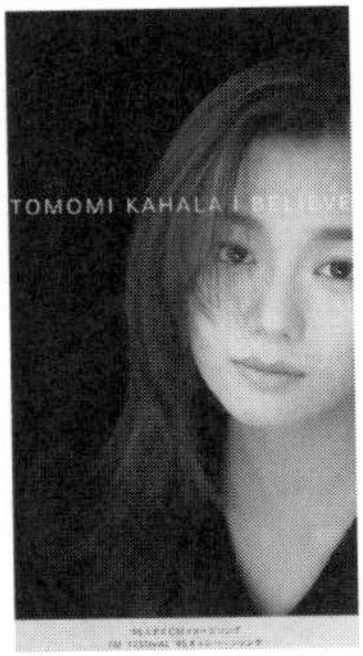

I BELIEVE
102.8万枚
1995年10月11日発表
作詞／小室哲哉　作曲／小室哲哉
編曲／小室哲哉

Hate tell a lie
105.9万枚
1997年4月23日発表
作詞／小室哲哉　作曲／小室哲哉
編曲／小室哲哉

センター街の女王

時代によって若者たちが集う「街」は変わっていく。東京を例にとればわかりやすい。1970年代、深夜営業のジャズ喫茶やアングラ演劇を中心に文化が育った「新宿」。1980年代には、「原宿」の歩行者天国がファッションの中心地となった。バブル期にはDCブランドに身を包んだ男女が「六本木」に繰り出した。K－POPブームが全盛の現在であれば、若者の中心地はさしずめ「新大久保」ということになるだろうか。

人が集まる場所には、必ず新しい文化が生まれる。ファッション、ツール、立ち寄るカフェ、そこで交わされる会話。そうしたものが街に漂う雰囲気を作り、それが「ストリートカルチャー」を作り上げていく。

90年代、若者の街といえば「渋谷」をおいて他になかった。当時の渋谷は日本のストリートカルチャーの震源地として圧倒的な存在だった。「チーマー」「コギャル」「渋谷系」「ガーリー」など属性の異なるグループがそれぞれ群れをなして街を回遊していた。

それは渋谷という街の地形も大いに影響したのではないかと考えられる。渋谷は、その名の通り「谷」である。世界から観光客が集まり、写真を撮るために行列を作る「忠犬ハチ公像」。そして、1日に最大約50万人が通行する世界最大の「スクランブル交差点」を谷底に、宮益坂、道玄坂、センター街、公園通りなどがすり鉢状に広がる「坂」の街だ。ストリートは、それぞれ独自の「個性」を兼ね備えた。ストリートが一本変われば、並ぶ店も歩く人の雰囲気も変わり、その結果、カルチャーもガラリと変わるという現象が起きていたように感じる。それに呼応するかのように、この街ではレコード店も「色」を持っていた。最盛期には、タワーレコード、HMV、WAVEなどが建ち並び、それぞれ違うアーティストをプッシュし、個性を発揮していた。

センター街にコギャルと呼ばれる女子高生が集まる一方、渋谷カルチャーを先導する「PARCO」と親和性が高いピチカート・ファイヴ（小西康陽・野宮真貴）やコーネリアス（小山田圭吾）などの「渋谷系」の聖地でもある。渋谷は多様なカルチャーが同時に共存する、いまで言えば「ダイバーシティ」（多様性）の街であった。

華原朋美は、そんな渋谷に集まる「ごく普通の少女」が抱えた思いを体現する存在であり、小室はその楽曲を通して、その少女を取り巻く環境やカルチャーを表現した。

華原は10代の時からアイドルとして活躍していたが、歌手としての才能を小室に見出され、1995年9月に『keep yourself alive』でデビューすると、続く『I BELIEVE』、翌1996年の『I'm proud』が立て続けにミリオンセラーとなり、一気にトップアーティストに躍り出た。

この3曲が収録されたアルバム『LOVE BRACE』は257万枚のヒット。その後、『Hate tell a lie』でもミリオンセラーを記録する。

華原のファッションを真似する女子は「カハラー」と呼ばれ、大好きと公言していた「ハローキティ」は、10代の女子高校生を中心にリバイバルヒット。出演したCMで発した「ヒューヒュー」というフレーズや、吉野家の牛丼を「つゆだく」で食べていると話したことから、店を訪れた客が次々に同じ注文をするなど、一挙手一投足がブームになった。

天真爛漫で愛されるキャラクターと、楽曲をリリースするごとに輝きを増していくプロセスは、まさに音楽プロデューサー・小室哲哉のエスコートによる「シンデレラ・ストーリー」として語られた。

小室　華原朋美さんのプロデュースをはじめるにあたってのイメージには「渋谷の街」がありました。
音楽業界で言うと、渋谷の「王道」は公園通りです。公園通りに「エッグマン」というライブハウスがあるんですけど、そこからはじまって、少し先の「渋谷公会堂」を経由して、一気に「日本武道館」まで行くぞ、というような。

朋ちゃんはそうじゃなくて「センター街」です。売れようが売れまいが、ひたすらセンター街に居座ってやるぜ、そういうスタンスですよね。だから歌詞の世界観も、そういう女の子の代表です。

あの頃、10代の制服姿の女の子たちが、渋谷のセンター街にたむろしていました。朋ちゃんについては、そんな女の子が夢を見つけて、夢中になって、一気に駆け上がっていくみたいなことを楽曲でプロデュースできないかな、と考えていたんですね。

だから歌詞の世界観として、「夢が見つからない」「居場所を見つけたい」「幸せになりきれていない」ということを入れこんでいきました。ちょっと不良性を持っている女の子、だけど決して不良ではない。実は、まっすぐに生きたいと思っているっていう子。「なんか面白くない」といつも思っているという感じです。

「むかつく」って言葉が当時流行ってましたけど、周りの社会とか常識に対して、納得いかないとか、不平不満みたいなことを持っていて、そういうのが90年代の渋谷って蔓延してた時期だと思うんですよね。

ちょっと形は違うんだけれど、80年代に尾崎豊くんがブームになったあの感じの90年代版というか、女の子版というか。がんばっているのに、自分のことを理解してくれないと思っている、気持ちを受け止めてくれる受け皿がないというか。

実際に朋ちゃんに出会って、親しくなる中でも、そういうものを感じました。10代から芸能界でデビューしていて、だけど「もっとできるはずなのに」っていう、くすぶりみたいなものもあって。きっと自信や自負も持っておられたんだと思います。

そういう思いが、僕と出会った時に、きっと爆発したんですね、彼女。

なので、ちょっとテストとしてデモテープを録ってみようとなった時、完全の本気度はすごかった。バトルじゃないですけど、ファイティングポーズ全開で「負けるか」みたいな感じだったんです。「ようやくチャンスが巡ってきた」っていう気持ちもあったと思うんですけど、それより「小室哲哉をビックリさせてやる」という感じがあったんです。

で、僕は実際に驚かされた。高音のハリとか、ビックリさせられっぱなし。これは相当タフな楽曲を要求して大丈夫なんだろうなって思えるものがありました。

何よりも声質が素晴らしかった。倍音をたくさん含んだ豊かな響きを持つ声。滅多にいない声ですし、上手いとか下手とか以前に、愛情や優しさといった広い世界観を声で表現できる女性だと思いました。乗馬経験が生きたのか、肺活量や体力も申し分なく、滑舌も良かった。僕の楽曲って、短い音符が重なる細かい譜割りが多かったんですが、華原さんはそういう歌でも息の音をきちんと混ぜて発声できていましたから、歌い手の限界を考えずに楽曲制作に取り組めたんです。

1995年9月、華原はパイオニアLDC（現NBCユニバーサル・エンターテイメントジャパン）で小室が立ち上げた新レーベル「ORUMOK RECORDS」の第1弾アーティストとして、シングル『keep yourself alive』でデビューすると、2枚目のシングル『I BELIEVE』で一気に大ブレイク。この曲でテレビ朝日系『ミュージックステーション』やフジテレビ系『HEY!HEY!HEY! MUSIC CHAMP』、TBS系『COUNT DOWN TV』などの音楽番組に次々と初登場。年末の賞レースでも新人賞を総なめにした。

小室　『I BELIEVE』は、僕自身気に入っていますし、自信作ですね。いろいろな女性アーティストがオーディションで歌った曲に選んだと話してくれていますし、「この曲が一番好き！」と言ってくれる方も多いんです。

ただ、この曲は歌うのがとても難しい。サビはキャッチーですけど、Bメロなんかはかなりつかみづらい曲だと思います。振り返ると、渡辺美里さんに提供した曲とイメージが重なるんです。『悲しいね』とか『卒業』のような、そういう切なさがある曲です。

ただ、この曲を朋ちゃんが歌うまでには紆余曲折があって。これ、そもそもはglob

eのために作った曲なんです。ｇｌｏｂｅの楽曲をテレビCMに起用することが決まっていたので、『Joy to the love（globe）』を提案したのですが、スポンサーが難色を示したという情報が伝わって来まして。それで急遽、夜を徹して書き上げたのが『I BELIEVE』だったんです。

その後、結論から言うと、ｇｌｏｂｅのCMタイアップ曲は当初の『Joy to the love (globe)』に落ち着き、『I BELIEVE』は朋ちゃんに歌ってもうおうかってことになったんです。当時はドラマやCMのタイアップがヒットの必須条件みたいなところがありましたし、様々なオファーも頂いていたので、こういうことは少なくなかったんです。

それが結果として、華原朋美の代表曲になった。彼女はそういうチャンスを引き込む力を持っていたと思います。

そもそも僕との交際がデビュー前にスクープされてしまったことも、普通に考えればアーティストとしては険しいスタートでした。だけど彼女は、そういう話題をオープンにして、逆に同世代の女性たちの共感を得ていった。そんなキャラクターが、音楽業界と芸能界の垣根を超えてファン層を広げていったんだと思います。

クラシックの作曲方法を導入

『I BELIEVE』に続く2作連続のミリオンセラーとなったのが3枚目のシングル『I'm proud』だった。華原はこの曲で、1996年の「第47回NHK紅白歌合戦」に初出場。小室もそのバックでピアノを弾いた。また同年のオリコン年間シングルチャートでは女性ソロアーティストで1位、年間カラオケランキングでも1位を記録するなど、『I'm proud』は華原最大のヒット曲となった。

小室　『I'm proud』ほど、多くの女性に愛され、歌って頂いた曲はないんじゃないかと思います。僕が手掛けた中でも、特に力が入った作品ですね。オーケストラを使って、賛美歌のような壮大さを出そうとしました。映画「風と共に去りぬ」をイメージしたんです。

この頃、楽曲制作の合間にクラシックばかり聴いていて。特に聴いたのはバッハ、他はブラームスやリスト、メンデルスゾーンがヘビロテで、作曲の参考にもしていました。曲の構成も、クラシックに大きく影響されています。冒頭のサビ直後の間奏からAメロにかけて、バッハ以前の時代に作られた聖歌の作曲方法といわれる「教会旋法」というのがあるんですけど、その中の「ドリア旋法」というのを使ってみたんです。ポップスの文脈とはまったく異なるやり方で新しさ・意外性を出して、その後のBメロでは「ファ」（第4音）と「シ」（第7音）を使わない「ヨナ抜き音階」を取り入れて懐かしさ・親しみやすさを出そうとしています。最近では米津玄師さんが『パプリカ』という曲でもこのヨナ抜き音階を使っているんですけど、こんな和洋折衷をやるのは僕くらいじゃないかなと思います（笑）。

華原さんも、1枚目、2枚目は手探りの部分があったけど、3枚目のこの曲で大きく成長したな、と感じました。前の2曲は「強さ」を前面に出していたけど、今度は「強さの裏にある優しさ」みたいなものまで表現してほしい、と。そういう思いで曲を作りましたし、彼女もそれに応えましたね。非常に難しい曲なんですけど、感情表現まで完璧にこなしてくれました。

「壊れそうで崩れそな情熱を　つなぎとめる何か　いつも捜し続けてた」という歌詞が共感を呼んだと聞きました。渋谷という「旬」が集まる街に、少しでも早く大人になりたいと背伸びをしてくる女の子たちが集まる。群れていても、本当は孤独みたいな気持ちを描きたかった。

歌詞には、彼女の意見がかなり反映されています。歌詞の初稿を見せた時、どこが気になったかいまだにわからないんですけど、ホテルの暖炉に丸めて捨てられちゃって（笑）。

いろいろ変えたので、原型を覚えていないんですけど、最終的にいいものになりました。覚えている変更点は、サビの歌詞ですね。「届きそうで　つかめない　いちごの様に」の「いちご」は、最初は「りんご」だったんです。りんごといえば「禁断の果実」なので、そういう意味が込められると思って。だけど、朋ちゃんは大好きな「いちご」がいいと。あの頃の華原さんには、そういう自分を曲げない強さみたいなものがありましたね。

女の子が最初から終わりまでわかってもらうように歌詞を完璧に書こうと考え出したのは、やっぱり華原さんくらいからでしたね。

『keep yourself alive』『I BELIEVE』、そして『I'm proud』の3曲が入ったアルバム『LOVE BRACE』は会心の作品です。アルバム・プロデュースという意味では、最高の出来かもしれません。最初の一音から最後の一音まで徹底してコンセプトが貫かれていて、レコーディングもかなり厳しくやりましたけど、華原さんがついてきてくれた。

デビューの頃の自分が思い描いていたような、アーティストの才能を花開かせるプロデュースに、かなり近づくことができた作品です。

海外アーティストをお手本にしていた

紅白でも歌った『Hate tell a lie』は、非常に朋ちゃんらしい楽曲だと思います。出会った頃に感じたような、何かにいらだっているというか、むかついてるというか、そういうものを表現した。その対象は、社会だとか、大人たち、あるいは僕なのかもしれませんけど。いろんな人の不条理に対して立ち向かう、みたいなことを表したかった。

この曲は完全にアラニス・モリセットやシェリル・クロウを意識しました。ちょっと荒々しいポップソング。その頃からオルタナティブの女の人はカントリーやロックをポップソングに取り入れていましたから。いまだとテイラー・スウィフトが最たるものですね。

これはよく知られている話だと思いますけど、華原さんはマライア・キャリーにすごく憧れていて。マライアはゴージャスな雰囲気ですけど、実は楽曲の多くは身近なラブソングを歌ってるんですよね。彼がいなくて寂しいとか。そんなに大きな世界観を歌っていたわけではない。だから華原さんの曲も、常に普通の女の子にとって身近なものを描こうとしてました。

まずはそこからはじまったんですけど『Hate tell a lie』の頃は、急にとんでもなく高いキーに飛んでみたりとか、いろいろと新しいこと、実験的なところにチャレンジしていたんです。

それと、残念ながらミリオンには届かなかったんですけど、朋ちゃんの『LOVE IS ALL MUSIC』が僕は大好きなんです。「ハチロク」っていう八分の六拍子はヒット曲になりやすい典型的なパターンなんですけど、それを使ったりという戦略的な面でも工夫しました。

歌詞にも思い入れがありますね。「夜明けごろ自転車を東口まで〜」という歌詞は、千葉のJR柏駅をイメージしているんです。子どもの頃、1年だけ家の事情で柏の近くに住んでいたことがあって。デートした後、家に帰るまでに恋人のことを思い出すその時間とか、そういう楽しさとか切なさみたいなのを心象風景にあてはめた感じで、これはいろんな人と共有できる感覚なんじゃないかな、とか。

華原さんのプロデュースって、詞や曲作りについては僕が戦略的に引っ張っていった部分がありますけど、それ以外のキャラクターの売り方については、それはもう彼女のものです。自分で「朋ちゃん」って言うのも、僕がやりなさいと言ったわけではないですし、ああいうのはすべて彼女のセルフプロデュース。

あれだけ時代をつかむことができたり、いまも愛され続けているのは、やっぱり彼女の才能が大きかったんだと思いますね。

5

globe

ミュージシャンへの回帰と実験

Can't Stop Fallin'in Love
131.6万枚
1996年10月30日発表
作詞／小室哲哉・MARC
作曲／小室哲哉　編曲／小室哲哉

DEPARTURES
228.8万枚
1996年1月1日発表
作詞／小室哲哉・MARC　作曲／小室哲哉
編曲／小室哲哉

FACE
132.3万枚
1997年1月15日発表
作詞／小室哲哉・MARC
作曲／小室哲哉　編曲／小室哲哉

小室哲哉、参加の決断

1995年8月9日『Feel Like dance』でデビューしたｇｌｏｂｅ。メンバーは、ボーカルのＫＥＩＫＯ、ラップのマーク・パンサー、そしてキーボードの小室哲哉だ。

ｇｌｏｂｅを語る時、触れずにはいられないのが「記録」である。

ＣＤの総売上枚数は約3000万枚。初のアルバム『ｇｌｏｂｅ』は、当時の歴代最高となる413・6万枚のセールスを記録。4枚目のシングル『DEPARTURES』は230万枚近くを売り上げ、史上初となる東京・名古屋・大阪・福岡の4大ドームツアーを決行。1998年には、史上初めてオリコンチャートトップ10に4曲を同時にランクインさせた。

ｇｌｏｂｅは当初、ボーカルのＫＥＩＫＯと、ラップのマーク・パンサーの2人組でデビューする予定だった。しかし、小室がメンバーとして加わることを決断。人気絶頂の音楽プロデューサーが自ら参加することで、新ユニットの期待値は一気に高まる。

ＫＥＩＫＯのハイトーンボーカルを軸に、小室がシンセサイザーでギター以外のすべての楽器を演奏する制作スタイルや、マーク・パンサーのラップを大々的に取り入れた楽曲構成を駆使することで、ｇｌｏｂｅは「大衆性」と「実験性」という相反する音楽性を同時に追求する音楽ユニットへと進化していく。

小室　当時ヨーロッパでは、男性ラッパーと女性ボーカルのユニット「2アンリミテッド」が流行っていました。その日本版をイメージして、オーディションで選んだKEIKOさんと、ラップのマーク・パンサーの2人をデビューさせようというプロジェクトとして始まりました。当時の2人のユニット名は「Orange」です。

ただ、ちょっと悩む部分がありました。KEIKOさんは根性もあるし、歌唱力も申し分ない。オーディションの時点で「音楽を生業《なりわい》にしてやっていく人だな」とは感じていました。ただ、それまで芸能活動をしていたわけではないので、勉強することが山ほどあって。一方のマークも、モデルだったり、MTVのVJだったりというキャリアがあっても、ラッパーがメインではない。2人とも「ゼロからのスタート」だったんです。音楽的バックボーンの希薄さは、ちょっと気になっていました。

そんな中で、このユニットの「音楽偏差値」を担保するにはどうすればいいか。それには僕が入って、キーボードを弾いたほうがいいんじゃないかと。いまでいうと、CAPSULEの中田ヤスタカくんとか、YOASOBIのAyaseさんのように、クリエイターがちゃんといて、そこにボーカリストが入るというイメージですね。

ここまでも何度か話しましたが、僕はプロデューサーとして、常に「市場の空白はどこか」を考えています。その一方で、自分たちの持っている「材料」も分析しておかなければいけない。ライバルに比べてどんな能力が優位なのか、それを念頭に置いて動く、ということです。たとえば、ｔｒｆでは「ダンス・ユニット」というコンセプトが時代にハマった。篠原涼子さんの場合は「凜としたキャラクター」と、それを引き立てる「歌詞の良さ」があった、というように。

その頃は、ちょうどｔｒｆがデビュー2年でCD総売上1000万枚を達成して、安室奈美恵さん、ｈｉｔｏｍｉさんなどのプロデュースもうまくいっていたり、プロデューサーの仕事に手応えと広がりを感じていました。

だとしたら、そろそろ「ミュージシャンの小室哲哉」というカードを切ってもいいのではないか、と。プロデューサー一本でやると宣言したのに、という逡巡《しゅんじゅん》はありましたが、それが新ユニットの一番の「材料」になるはずだとも思ったんです。ただし、自分がやるからにはチャラチャラしたものは出せない、音楽的に高度で、本格的なものをやらなければならない。それこそが、新ユニットの意味だと覚悟を決めました。

ＫＥＩＫＯとマークのユニット名は「Ｏｒａｎｇｅ」でしたが、それだけの覚悟を秘めたものとしてはちょっと違うな、という思いがあって。自分が参加することになって、地球を意味する「ｇｌｏｂｅ」に変更しました。ＴＭの頃から、地球や惑星をテーマにした曲も書いてきていましたし、僕の大好きな言葉だったんです。

楽曲も、ダンスミュージックを基本路線として置きつつ、ミュージシャン・小室哲哉としての面も出していこうとして、ロックやフォークのテイストを加えて、斬新で実験的なものを作ろうと考えました。

ビジュアル面にも徹底的にこだわっています。CDジャケットのデザインは、フォント、タイトルの入れ方、色調にまで細心の注意を払いました。プロモーションビデオも同様です。「小室哲哉テイストだね」と思われるようにすべて仕上げました。

ビジュアル封印の真実

小室がTM以来、メンバーとして参加したglobe。そのお披露目は、1995年8月に東京と大阪で開催された「avex dance Matrix '95 TK DANCE CAMP」だった。計6万人を集めたこのライブは、trf、hitomi、安室奈美恵、観月ありさ、篠原涼子、坂本龍一、H Jungle with tなどが参加した「小室プロデュースの音楽フェス」である。このライブの10日前にデビューしたばかりのglobe。いきなりの大舞台にもかかわらず、KEIKOやマークは堂々としたステージングを見せ、小室を驚かせた。

その一方で、デビュー当初、シングルのジャケットにはメンバーの写真が使われることはなかった。3枚目の『SWEET PAIN』まではｇｌｏｂｅの文字とモチーフだけで構成されたジャケットだった。

小室　「どうして?」とはよく聞かれました。マークはもう2歳くらいからモデルをやってて、「MEN'S NON-NO」とかにも出ていたから、とにかく写真慣れしてるんです。僕もＴＭ時代からいろいろとジャケット写真は撮っているので、マークほどではないけれど経験はある。だけどＫＥＩＫＯさんは、まったく慣れていなかった。関西で普通に働いていて、それから急にデビューですからね。

きっとＳＮＳ全盛のいまの時代だったら、「ひとりだけ普通の人が混ざっている」みたいに書かれてもおかしくない状態。なので3人のビジュアルがいい感じにまとまってから出していこう、という感じでした。それが結果として4枚目の『DEPARTURES』のタイミングになりました。『DEPARTURES』は、ロサンゼルスの廃墟のホテルで撮影しましたね。それでもやっぱりマークのイケイケ感が目立ってしまうので、少し後ろに立ってもらったり、その辺はバランスを取っています。

いまではＡｄｏさんとか顔を出さないアーティストはいくらでもいますけど、あの当時はそれなりに新鮮味があって。「この声の主は誰？」みたいな話題もあったみたいですね。ちなみにTMの初期に「木根さんがいない」という戦略があったんですけど、別にそれを踏襲してるわけではないですね（笑）。

KEIKOさんには非常に申し訳なかったんですけど、globeのデビューは、もともと95年3月の予定だったのが、同じ時期にH Jungle with tの楽曲作成が入って8月に延びてしまったんです。彼女のオーディションは94年9月の「EUROGROOVE NIGHT」でやったんですが、その後だいぶ待たせてしまって。普通はオーディション後すぐに段階的なセールスプロモーションを組んでいくんですけど、まったくできなかった。いまから考えれば、結構勝手なことをしてしまったなと思ってます。急に呼び出してガイドボーカルを歌ってもらったりとか、試験的な期間が長くなってしまった感じで。

そんな中、彼女は95年8月の「TK DANCE CANP」で、お披露目ということで、いきなり5万人の前で歌うんです。とてつもないチャレンジだと思うんですけど、ものすごい根性でやってのけてくれた。そこで「彼女の歌はまったく問題ない」というのを確認できて、KEIKOさんのボーカル1本でいく方向に楽曲を変えていきました。

それまでに作った3曲『Feel Like dance』『Joy to the love』『SWEET PAIN』は、マーク

のラップと僕のコーラスがないと成立しない楽曲なんです。だけど、あのステージを見て確信が持てたので、「KEIKOさんがフィーチャーされる曲をどこかで作ろう」となり、それが『DEPARTURES』につながっていったんです。

CMという制約が生んだ名曲

1991年にバブル経済が崩壊したとはいえ、巷《ちまた》にはまだその余韻が漂っていた90年代前半。冬のレジャーといえばスキーだった。1991年、JR東日本はスキーシーズンのキャンペーンソングとしてZOOの『Choo Choo TRAIN』を起用。広瀬香美は1993年のスキー用品専門店アルペンのCMソング『ロマンスの神様』で大ブレイクした。冬の大型タイアップCMといえばスキー関連という時代の流れの中で、JR東日本が1995年冬に白羽の矢を立てたのがglobeだった。

ヒット曲がCMから多く生まれた当時、クライアントのリクエストは無視できないものだった。小室はその意を汲みつつ、独自の戦略と哲学で楽曲を制作していた。

小室　よく「制約こそがクリエイティブの源泉」と言われますが、まさにCMソングの制作こそ、その最たるものだと思います。15秒のCMの中で、音楽が流れるのは13秒ほど。そのうち8秒くらいで視聴者の印象に残るフレーズを作らなければいけない。

それでも、「何でもいいよ！」と言われるより、「15秒の時間制限の中で、可能な限り商品やキャンペーンを印象づけてくれ」と言われるほうが、いろいろとアイデアが生まれるんです。そのミッションに成功すれば、CMが話題になり、スポンサーは喜び、CDも売れる。非常にやりがいがありましたね。だからCMの書き下ろし曲というのは、「一番宣伝しなければいけないものは何か」というビジョンが重要なんです。

『DEPARTURES』――プロジェクトがスタートした時にこのタイトルが決まっていたわけではないですが――の場合は、JR東日本と広告代理店、そしてレコード会社。彼らとどこまで歩み寄って、新しいものを生み出すか。それが僕に与えられた仕事でした。

CMに起用されたのは、竹野内豊さんと江角マキコさん。当時はモデルとして活動されていて、これから俳優として売り出していく段階でした。モデルということもあり、マークが彼らを知っていた。どんな仕事をしてきたのか、どんな個性の持ち主なのか、これからどんな風に活動しようとしているのか、マークを通して徹底的にリサーチしました。

CMの映像も何度も見返しました。竹野内さん、江角さんのカップルがホームから列車に乗り込むシーンに始まって、雪が降る駅を新幹線が静かに出ていくシーンで終わる。そこからイメージして「15秒の映画サウンドトラックを作る」と方針を定めました。CM曲ということもあり、完全にサビから作りました。もちろんそこが勝負ですから。ただ、CMで使われる数秒間を最高のかたちにするために、CMのコンセプトから出演者の情報まで頭に入れ、曲のテーマやストーリー構成も考えていく。その結果、「どこまでも限りなく降りつもる雪とあなたへの想い」というあのフレーズが生まれました。

歌詞は「不器用な恋愛」を表現しています。男が離れていくのか、それとも女が離れていくのか？　そこは曖昧にしていますが、「ずっと伏せたままの写真立ての二人」や「左利きも慣れた」みたいな、ディテールを徹底的に描いています。「映画サウンドトラック」と言いましたが、これは次のシーンに移る場面転換みたいな作用を狙いました。TVドラマや映画で、次の場面に行く合間に、ビルの建物なんかの風景がインサートされたりするじゃないですか。切り返しのカットというか、それを狙っています。

ただ、タイトルは最後までなかなか思いつかなかった。ロサンゼルスの空港で、出発前に曲名を決めないと曲の納品の〆切に間に合わないという状況で、搭乗口の「departure」(出発) という表示がパッと目に入って「これだ！」と。

僕はイントロを印象的にするためにとにかく考えるんですが、『DEPARTURES』は、もっとも僕らしいもののひとつかもしれません。あのピアノ音は、当時よく使っていたローランドのシンセサイザー「ＪＤ－８００」の53番「ＡＣｐｉａｎｏ　１」という音です。この音はプリセット音といって、「ＪＤ－８００」にもともと入っている音なんですけど、これを「小室ならではの音だ」と思ってもらいたくて、ＴＭとか、ｔｒｆとかあらゆる楽曲で使っていたんです。あのピアノの音が聞こえたら「小室哲哉だ！」と連想してもらいたかった。ロックの主役だったギタリストへの対抗心というか「キーボードをなんとか前に出したい」という気持ちがあったのが、大きいかな。

１９９６年の奇跡

１９９６年3月31日。ｇｌｏｂｅ待望のファーストアルバムが発表される。タイトルは、ユニット名を冠した『ｇｌｏｂｅ』。アルバムには、デビューシングル『Feel Like dance』をはじめ『Joy to the love』『SWEET PAIN』『FREEDOM』、そしてダブルミリオンを記録した『DEPARTURES』が収録されるとあって、小室は全12曲にそれまでの音楽活動で得たものすべてを投入したという。

アルバムは、当時の最速記録を更新しながら爆発的に売れて行った。発売２週目で２００万枚を売り上げ、５週目には３００万枚を突破する。

発売から2か月が経過した5月には、当時アルバムの歴代最高売上記録を保持していたMr．Childrenの4枚目のアルバム『Atomic Heart』の343万枚を突破して記録を更新。翌97年2月には、史上初のアルバムセールス400万枚超えを達成した。

一方で、アルバム制作は綱渡りのスケジュールだった。発表1か月前の2月末日の時点で完成していなかったのである。

アルバム収録曲は12曲。そのうち4曲はすでにシングルとして発売された楽曲だったため、残りは8曲。それを10日間で完成させないと発売に間に合わない状況だった。

小室はメンバーやスタッフとともに軽井沢のスタジオに籠《こも》って合宿。「この1日で曲ができなかったらもう間に合わない」という状況の中、小室が仮歌を歌いながら曲を作る間に、マークがラップ詞を書き、その間にKEIKOが楽曲の展開を覚えてボーカルレコーディングする同時進行で、楽曲を作り込んでいったという。

小室　ファーストアルバムの時は、全国のCD工場をほとんどすべて押さえておいて稼働させないと生産が追いつかなかったし、発売に間に合わなかったんですね。ヒリヒリする状況で作っていました。

マニアの中には「同じアルバムでも工場によって音が違う」と言う人がいて。冗談ではなくて、「これは静岡の工場の音ですよね」みたいに指摘されることもあります。やっぱり工場によってある種の「クセ」があるんですね。そんな状態ですから「これまで音楽業界で誰もやっていなかったことをやっている」という感覚はありました。

いまから振り返ると、このアルバムを出した1996年は、セールスとクオリティ、どちらの面においても達成感がありました。

この年、華原朋美さんの『LOVE BRACE』(6月3日発表)と、安室奈美恵さんの『SWEET 19 BLUES』(7月22日発表)も出しているんです。3枚ともコンセプトアルバムなんですけど、世の中の人たちの期待に応えたうえで、なおかつその期待を超えていくことができた実感がありました。

この頃、僕の音楽にマーケットというか、経済圏のようなものができはじめた気がしていました。僕が何かをプレゼンテーションしたり、作り上げていこうと提案すれば、ファンや社会が、そこに耳を傾けてくれる土壌ができていたというか。それまではとにかくヒットを狙って作っていったけど、ちょっと自分の想像を超えてきていた。

うれしい一方で、「そんな状態が長く続くわけはない」とも思いはじめました。だからこそ、「安定」に走りたくなかった。守りに入ったら、ブームは終わりはじめる。だから、その頃は常に「意外と攻めるね」って方向に行きたい、行かねばと思っていましたね。

売れたら、次へ攻める

あの頃、いまのようにSNSがあったら、どうなっていただろうかと思うことがよくあります。みんな何て言っていたのかな、と。きっと、いいことも悪いことも含めて言いたい放題だったかもしれないですよね。思えば、あの頃の僕の頭の中には、自分の作品を評価する架空の書き込みというか、感想があふれていた。「ここまで来たら、普通は落ち着くだろ。さすが、攻めるな」とか、「想像を超えてきた」「斜め上きた」みたいな感想をもらいたいと思っていたし、そう振る舞っていましたね。だから、ファーストアルバムを出した後はｇｌｏｂｅについては、とにかく「攻めよう」と。

歌詞は、若い女性にもっと寄り添おうと。20代の、男性に左右されない自立した働く女性というイメージです。いまでこそ「ジェンダー」とか「ハラスメント」という言葉が浸透してきて、女性たちも声をあげられるようになってきましたけど、当時は社会の不条理だったり、合点がいかないことに対して誰にぶつけられるでもなく、内側に抱え込んでいた女性が多かったと思うんです。そこに疑問を投げかけるというか、そういう鬱屈したものを抱えている人たちが必ずいるから、ｇｌｏｂｅではその人たちに共感できるものを届けたかった。

そんな思いを受け止めてもらえたのか、『Can't Stop Fallin' in Love』の頃には、globeの歌詞が気になる、引っかかると言ってくださる方が増えてきて。

この曲の「時には誰かと比べたい　私の方が幸せだって」という歌詞もそういう思いがありました。人と自分を比べるのは良くないことだと頭でわかっていても、心が追いつかなくなってしまう。だから、時には「誰か」や「何か」と比べないと持たない、というポロッと漏れてしまう本音を代弁したつもりです。

「踊る君を見て　恋がはじまって　あなたの髪にふれ　私ができること　何だかわかった」というサビの歌詞は、ケイト・モスさんのホームページのフォトアーカイブを見ていて浮かんだものですが、当時はインタビューでかなり真意を聞かれました。一人称と二人称が行ったり来たりしている歌詞だけど、一体誰目線なんですか、とか。

あれは、歌詞の中で様々な登場人物に視点を動かしているんです。たとえばドラマや映画の脚本では、登場人物を設定して、Aさん、Bさん、Cさんの台詞や行動を整理して、ストーリーにしていく。次に演出担当が、それを映像化しつつ編集していくわけです。まずは「私」の目線で映像がスタートして、次の瞬間は「私」じゃなくて、私を見ている「男性」の目線から見た映像になるというようなカット割り——そういう映像における視点切り替えみたいなことを歌詞で表現してみたかった。

ドラマだと、たとえば彼氏が彼女を抱きしめるシーンなら、3回ぐらい撮影をやって、あらゆる角度から撮るんですよね。抱かれる女性、抱いている男性、背中越しとか。そういう風に、一瞬一瞬で目線がいろいろ変わるっていう世界を描いたんです。

歌詞だけを追っていくと、一人称、二人称、三人称がわからなくなるんですけど、映像で考えたら成立するんだから、何を言われてもいいと思い切ってやってみたんです。

僕が作る音楽のテーマとして「俯瞰」があります。引いた目線、様々な目線を提示して、曲を聴いてくださる方が、思い思いにそれぞれの「視点」で感じとってくれればいい、と。いままで言うとドローンですね。ドローンの目線で、前後左右や高低を自由自在に動かしている。僕はそのための材料というか提案として曲を届けているという感じです。

『DEPARTURES』の時も、「散文詩のようで、終盤は何を表現しているのかわからない」とも言われたんですけど、もうｇｌｏｂｅのような存在になったら、好きとか嫌いとかではなく、研究材料とか、考察の対象になってもいいんじゃないか、と。「小室は、今度何を企《くわだ》てるんだろう」って思われればいい、と振り切りました。

賭けでもあり、攻めですよね。ｇｌｏｂｅは特にそうでした。みんなで作るっていう感じじゃなくて、ひとりの世界で作っていたことが多かったからかもしれない。だからシンセの音もすごく凝っていましたし、ドラムも、ドラマーに叩いてもらわずに、僕が自分で打ち込んで、オール打ち込みでやってみたりとか。

鏡に映った「あなた」の正体

『FACE』は、その頃の僕がアメリカ・ロサンゼルスを拠点にしていたこともあって、オルタナティブというキーワードで制作しました。

オルタナティブというのは「代替」という意味で、文字通りメジャー・本流の逆を行こうという提案です。400万枚というセールスを残しているメジャーが、規模を保ったままオルタナティブの音楽をやったらどうなるだろうという企てでした。

早逝したカート・コバーンのバンド「ニルヴァーナ」の影響が大きかったですね。そんなサウンドイメージで、歌詞では働く女性を応援する言葉を投げかけていく構造です。

「太陽が飲まれてく…」という冒頭の歌詞は、ロスのスタジオから見た景色でした。11月頃ですかね、秋から冬に近づいてる時期にこの曲を作っていたんですけど、スタジオから外を見たら、ちょうど夕日が落ちる時で。沈んでいく太陽を見ていたら、本当に溶けていく感じだったんです。

僕が作詞をする際、サンライズ（夜明け）とサンセット（夕暮れ）というのは、すごく大事なキービジュアルなんですね。昼から夜に変わることによって、人のいろいろな光と影とか、表と裏、陰と陽とかが変わっていく。そのコントラストを描くというのが歌詞の大事なポイントだと考えています。『FACE』では、サンセットを頭に使って、そのあと、夜に差し掛かっていく様子を描きたいなと。

僕は夜の曲をたくさん書いていますが、特にgloveは「漆黒の夜」をイメージさせる曲が多い。ひとりで頑張っている働く女性を描いていたから、そういう女性が自分と向き合ったり、何かを考えたりする時間ってやっぱり「夜」なんですよね。

「鏡に映ったあなたと2人」の「あなた」は誰？　というのも、よく聞かれました。この「あなた」は完全に「自分」ですね。鏡の前の自分と、鏡の中の自分。

鏡というモチーフが神秘的で好きなんです。そこに映る自分は、現実の自分よりも真実の自分を映しているのではないか、と。鏡を見ながら「私はこんなもんじゃない」とか「こんなふうに生きていきたい」とか考える。

「鏡」というのはいまでいう「自撮り」「セルフィー」に通じるかもしれないですね。自分の写真で〝盛りたくない〟という人はあまりいないから。

当時ロスでは孤独に作業していたから、すごく寂しかったんです。孤独だと視点がどんどん客観的・俯瞰的になるんですよ。その想いをＫＥＩＫＯさんが歌うことで、日本のどこかに住んでいる誰かの孤独へ響くフレーズに変わっていったのかもしれないですね。仕事は充実してるけどやっぱり女心は捨てきれないとか、ワーカホリックな大人な女性の戸惑いとか葛藤とシンクロしていったのではないかと思います。

大衆性と実験性

ファーストアルバム『ｇｌｏｂｅ』で４００万枚以上の歴史的ヒットを記録した勢いを保ったまま、詞やサウンドを実験的な方向へとシフトさせていったｇｌｏｂｅ。大衆性と実験性を両立させようと試みた小室の攻めは的中する。

１９９６年10月発表の7枚目のシングル『Can't Stop Fallin' in Love』、１９９７年１月発表の8枚目のシングル『ＦＡＣＥ』の2作品がミリオンを記録。これらのシングルを収録し、１９９７年3月に発表されたセカンドアルバム『FACES PLACES』も３００万枚超の大ヒットを記録した。

翌１９９８年3月発表のサードアルバム『Love again』も発売初日に２００万枚を出荷。デビューアルバム『ｇｌｏｂｅ』から『FACES PLACES』『Love again』まで3枚のアルバム総出荷枚数が１０００万枚を超えるという驚異的なセールスをたたき出した。

小室　ミリオンを突破したもの以外にも、この時期のｇｌｏｂｅではいい作品がたくさん生み出せたと思っています。

たとえば『Anytime smokin' cigarette』（１９９７年発表）。ワーカホリックな女性が、人には見せないけれどもふと自分ひとりの時間にタバコを吸っていたり。そんなイメージをうまく描けました。

『Perfume of love』（１９９８年発表）のイントロはものすごく長い。サブスク全盛のいまでは、どんどんイントロが短くなってきていて、こんな長いものはありえないですが、当時でも長かった。でも、ひとりの女性がボソッと呟くまでのタイミングって、しっかり長さを取らないと、その背景にある思いとか、聴く人が思いをめぐらせるところまで表現しきれないと思うんです。そういうことも好き勝手やれた時代でした。

『Many Classic Moments』（２００２年発表）も思い入れの強い曲です。

「あなたとわたしの築き上げた
砂の城でもない　シンデレラ城でもない
記憶の城を見つけました

この場所でこれから1人過ごします
この地球の最後を告げる　鐘の音が鳴り響くまで」
女性から男性に対して「私は私の道を見つけたから」という強い決意表明をする曲なわけですけど、その男性とはもしかしたら僕なのかもしれないし、世の中の男性全体なのかもしれない。もっと言えば、社会全体に対しての宣言というか。いま振り返っても普遍性があるんじゃないかと思います。このあたりからglobeというユニット自体がちょっと変わっていった気がします。

ベスト盤をどう作るか

globeのもうひとつのピークが、1999年9月に発表した『CRUISE RECORD 1995-2000』だと思うんですが、プロデューサーとしては、実は一番苦しんだアルバムでした。

97年にGLAYが『REVIEW』というベストアルバムを出して当時最高の480万枚超を売って、98年にはB'zの『The Best "Pleasure"』『The Best "Treasure"』という2枚のベストがさらにとんでもなく売れて、という流れがあって。

ベストアルバムは売れる――だからｇｌｏｂｅも…というレコード会社の要請があったわけですけど、ただのベスト盤を出すわけにはいかないという僕の意地みたいなものがあって。だから［ＢＥＳＴ＋ＮＥＷアルバム］というコンセプトで、新曲を織り交ぜた２枚組にしたんです。そのほうが、今後のｇｌｏｂｅのあり方を見せることもできるな、と。

その前の『FACES PLACES』『Love again』『Relation』といったアルバムは、どれも「攻める」という意志を持って作ったコンセプトアルバムだったんで、売上枚数は気にしていなかったんです。その姿勢が「アルバム収録曲の中にもシングル級のいいものがある」みたいな評価につながっていたんです。

でも『CRUISE RECORD 1995-2000』は数字ありきで「どういうものを作れば結果が出るのか」から逆算しなければならなかったので、苦しみました。結果、２８０万枚近く売れたはずで、立派な数字ではありますけど、周囲が期待するほどではなかったのも事実だったなと。

売れない時代は「売るための方法論」を考えて、それを思いつくまで必死で悩むわけです。それも大変なんだけど、売れたら売れたで「売れ続けるにはどうするのか」「期待に応えるにはどうするのか」で悩む。そのステージ、ステージで抱く悩みがありました。いつになっても、悩みは尽きないということだと思います。

6

安室奈美恵

「平成の歌姫」への階段

Chase the Chance
136.2万枚
1995年12月4日発表
作詞／小室哲哉・前田たかひろ
作曲／小室哲哉　編曲／小室哲哉

Don't wanna cry
139.0万枚
1996年3月13日発表
作詞／小室哲哉・前田たかひろ
作曲／小室哲哉　編曲／小室哲哉

You're my sunshine
109.9万枚
1996年6月5日発表
作詞／小室哲哉　作曲／小室哲哉
編曲／小室哲哉

a walk in the park
106.7万枚
1996年11月27日発表
作詞／小室哲哉　作曲／小室哲哉
編曲／小室哲哉

CAN YOU CELEBRATE?
229.6万枚
1997年2月19日発表
作詞／小室哲哉　作曲／小室哲哉
編曲／小室哲哉

『夜もヒッパレ』での輝き

小室哲哉が手掛けてきた数多のアーティストの中でも、とりわけＪ－ＰＯＰの歴史に大きなインパクトを与えたのが、平成を代表する「歌姫」となった安室奈美恵だ。

沖縄県生まれの安室は、１９９２年からダンス＆ヴォーカル・グループ「スーパー・モンキーズ」のメンバーとしてデビューし、１９９５年、小室哲哉プロデュースのシングル『Body feels EXIT』を発表。唯一無二の歌姫へと階段を上り始めた。

続くシングル『Chase the Chance』がミリオンセラーを記録すると、96年発表の『Don't wanna cry』で、当時10代として初となる「第38回日本レコード大賞」の大賞を受賞。とりわけ女子高生の間でカリスマ的な人気を誇り、ファッションやダンスを真似る「アムラー」が町中にあふれ、この年の新語・流行語大賞トップテンにも選ばれた。

1996年7月発表のアルバム『SWEET 19 BLUES』は、300万枚超の大ヒット。97年2月発表のシングル『CAN YOU CELEBRATE?』は、ダブルミリオンを記録する。

2001年に、小室哲哉プロデュースから離れた後も、クールな歌とダンスでファンを魅了し続け、2018年に人気絶頂のまま引退した。

2019年5月1日に、平成から新元号へ移行するにあたり、新聞・テレビ・ラジオ・雑誌などメディアでは、平成を振り返る特集記事や特番が組まれた。安室奈美恵は、必ずと言っていいほど、その特集に取り上げられた。

「平成」という時代を代表する存在になった安室奈美恵というアーティスト。小室はどうプロデュースしていたのだろうか。

小室　**当時、ｔｒｆでブレイクした「エイベックス」と歩みを進める中で、「次にどんな**

手を打つか」という課題があがってきたんですね。ダンスミュージックのジャンルを基本としながら、多彩な楽曲、多彩なアーティストを揃えていきたい。新興のレコード会社だったエイベックスにとっても、音楽プロデューサーの僕にとっても、次なる才能を見つけることは急務だったんですね。

そんなタイミングで、僕らの前に現れてくれたのが安室奈美恵さんでした。

彼女はすでに「安室奈美恵 with スーパー・モンキーズ」として活躍していて『TRY ME〜私を信じて〜』や『太陽のSEASON』というヒット曲があった。そんな安室さんが、今後はソロとして活動するということで、僕にプロデュースのお声がかかったんです。

彼女と一緒に仕事をするんじゃないかという予感はかねてからありました。日本テレビ系の『THE 夜もヒッパレ』という音楽バラエティ番組があって、出演者の皆さんが、ヒットチャートの楽曲をカバーするんですけど、安室さんは、よくtrfを歌ってくれていたんです。僕が番組を観るといつも、彼女がtrfを歌っている印象があって。

そのたびに、何か僕はメッセージを送られているように感じたんです。「私ならもっとできる」「他のアーティストたちには負けたくない」というプレゼンテーションを、テレビ画面を通して受けているような。

安室さんの先輩には、荻野目洋子さんや観月ありささんがいらして、僕はいくつも楽曲提供をしていました。安室さん×ダンスミュージック×小室哲哉で化学反応を起こしたい、絶対合うんじゃないかという思いが周りからもあったようなんですね。そこで、安室さんが東芝ＥＭＩ（現ＥＭＩミュージック・ジャパン）からエイベックスに移籍されるタイミングで、プロデュースさせて頂くことになったんです。

エイベックスは、ｔｒｆのファン層は20代前半と想定していました。当時10代で、圧倒的に歌って踊れる安室さんは、さらに若い層を狙うのにもっともふさわしい存在でした。

奈美恵ちゃんは、そんなに饒舌な方ではありません。彼女とは本当に長い付き合いになりましたけど、プロデュースをはじめた頃からいままで、そんなに「こうしたい」「ああしたい」という細かい議論を戦わせたことはないんです。

そんな中でも、彼女からの言葉で唯一印象的だったのが「ジャネット・ジャクソンのように」というキーワードです。僕は「すぐにはできないけど、いずれそういうものを作りましょうか」と応じた記憶があります。

「すぐにはできないけど」と、あえてお伝えしたのには理由がありました。

先ほど話したように、彼女にはすでに『TRY ME～私を信じて～』や『太陽のSEASON』というユーロビート調のヒット曲があって、ファンにはそのイメージが強く定着していた。もし、いきなりジャネットのようなR&B路線に舵を切ったとすると、それまでのファンが離れてしまう可能性もある。なのでそこは無理をせず、少しずつそちらの方向に持っていきましょうと提案したんです。

プロデュース1曲目の『Body Feels EXIT』、2曲目の『Chase the Chance』、3曲目『Don't wanna cry』と並べて聴いていただくと、徐々にR&B路線に移行していっているのがわかると思います。

『Body Feels EXIT』は、trfの『EZ DO DANCE』の「青・白・小麦色の肌」というビジュアルが好評だったので、その路線を踏襲しました。スーパー・モンキーズ時代からのユーロビートの流れは意識しつつも、ハウスを意識したダンサブルなサウンドへ変化させました。

それまでよりも、彼女のボーカル、ダンスのプロフェッショナルぶりを強く意識させたい。なので、曲調はとにかくパワフルで、彼女から強く感じていたアスリート的な印象を前面に押し出そうとしました。

振付師さんがダンスを作りやすいようにという面も考えましたけど、一番聴いてほしかったポイントは詞ですね。沖縄から出てきてひとりでやってやるっていうこと、彼女の強さ、決意を示唆するメッセージを打ち出そうと思って書きました。僕らのチームに移籍したという事実をモチーフにして、「やっと来たぜ、ここまでどんな道を経て来たか、見せつけてやるぜ」っていうことを歌に込めたつもりです。

だから、イントロをなくして「Body Feels EXIT」という言葉からいきなりはじまる感じにした。ダンスの尺はなくしたくないけど、彼女の印象を強く出したい。という相反することを成立させるために、言葉から始めたんです。言葉の後に、ダンスが来る。そうやって「時代をリードする存在」「反骨精神がある」「クール」という彼女の持ち味を強めた。それが多くの同世代の女の子に受け入れられたのかもしれないですね。


続く『Chase the Chance』のジャケットは、前の「青と白と小麦色の肌」というジャケットから一転して「モノクロ」に振りました。すでにテレビの人気者だった彼女を見る機会は、テレビ番組でもCMでも多い。つまり「カラー」の印象が強いわけです。だからこそ、CDではクールな印象を与えるために「逆を行きたい」と考えた。曲を聴いた人がそれぞれ思い描く色をつけてほしいという思いを込めました。

サウンドも、思い切ってラップに振りました。その頃、ユーロビートでは、メロディーの抑揚が少なく、テンポがBPM140くらいの、ラップ調の曲が流行ってたんです。言葉というのは、メロディーだけでなくリズムで引っ張っていくことができるんだよ、ということを日本でも試してみたかったんですね。

もしそういうラップ調の曲で、100万枚を超えたりすれば、今後の曲作りにも広がりが出るなと思いましたし、ラップでヒット曲が狙えるという土壌ができればと考えていたんです。そうしたら、見事にミリオンを達成してしまった。それができたのは、奈美恵ちゃんの持っているグルーヴ感とリズム、そしてダンスのおかげでした。

『Body Feels Exit』『Chase The Chance』と順調にヒットしたこの頃から、街では、女子高生を中心にファンが増えていきました。安室さんのファッションや髪形を真似する、いわゆる「アムラー現象」が生まれはじめていましたね。

当時よく「小室さんが安室さんにファッションも提案したんですか?」って言われたんですけど、それはまったく違うんです。

僕がプロデュースしたのはあくまでも音楽面であって「茶髪にしたら」とか「厚底のブーツを履いたら」なんてアドバイスはしたことなくて。あのスタイルはすべて彼女自身が決めたもので、きっとその根底に彼女なりのレジスタンスがあったんだと思いますね。そういう反骨精神が、自己主張に現れて、同世代の女性から共感を得たんだと思います。

念願のジャネット路線

放課後。渋谷の街を闊歩するミニスカートにルーズソックス、ローファーを履いた制服姿の女子高校生。そんな彼女たちが流行の発信源となって生まれた「アムラー現象」。

１９９６年。その最中に、安室奈美恵が歌ったのが『Don't wanna cry』である。それまでとは一線を画すR＆B路線を打ち出した楽曲は、安室の新機軸として彼女の「独自性」を強く印象づけ、10代のカリスマから歌姫へと変貌を遂げるきっかけとなる。

また『Don't wanna cry』は小室にとっても、もうひとつの大記録をもたらした。この曲が発表された翌月、自身がプロデュースする楽曲がトップ5を独占したのである。

【１９９６年4月15日付け　オリコンシングル週間チャート】
1位　安室奈美恵『Don't wanna cry』
2位　華原朋美『I'm proud』
3位　ｇｌｏｂｅ『FREEDOM』
4位　ｄｏｓ『Baby baby baby』
5位　ｔｒｆ『Love&Peace Forever』

オリコンでは1993年6月に、ビーイングに所属するT－BOLAN、B'z、ZARD、ZYYG、REV、ZARD&WANDS、TUBEのアーティストが、オリコンシングルチャートの1位から6位を独占したことがあったが、作詞・作曲はすべて異なっていた。

小室の記録は、これを「すべて同じ人物が手掛けた」という点で類を見ない。

小室　3曲目の『Don't wanna cry』では、満を持して、彼女の望んでいたジャネット・ジャクソンを徹底的に意識しました。

安室さんの持っていた素質が炸裂してブレイクし、すでに社会現象になっている。ここでその「個性」を、さらなるセールスにつなげたいと考えました。R&Bやゴスペルの要素を強く出して、歌詞には時代に寄り添うシリアスなメッセージを込めつつ、でも、みんなで歌える曲にしたい。相反するテーマなんですけど、そこを目指しました。

安室さんが僕に「今までリズムの激しい曲が多かったから、ミディアムテンポでブラックミュージックを歌ってみたい」と話してくれたことがあって。それって、確かイベントの打ち上げの直後で、僕はちょっと酔っ払っていたんですね。だから安室さんは「あのこと覚えているのかな？」と不安になっていたようなんですが、できあがったこの曲を聴いて、「こういう曲が歌いたかった！」みたいに喜んでくれました。

この曲は、ロスのスタジオで別の曲と同時進行で制作しました。スタジオのラウンジにあったピアノで作りましたね。「ジャネット」というキーワード、沖縄出身の安室さんが思い描いていたであろう「アメリカ」とか「ブラックミュージック」――そこから浮かんだのが「I'll be there」という言葉。そこからすべてが生まれていきました。

歌詞は、前田たかひろくんと話し合って作ったんですけど、「I'll be there」っていう言葉はどうしても使いたくて。直訳的に「その場所にいたい」という意味ではなくて、自分の「アイデンティティの所在」をハッキリさせたい、みたいなニュアンスですね。

僕がアメリカを拠点にしていたことも歌詞に影響したかもしれません。当時は1990年の湾岸戦争と、2001年の9・11同時多発テロ後のイラク戦争に挟まれた時代で、不穏な国際情勢を日本にいるよりも敏感に感じていて。反戦への思いみたいなものを「殴り合う事じゃなくて」「祈るだけじゃもう　届かない」という歌詞に込めました。

レコーディングは、まず先に黒人歌手の方に集まってもらってコーラスから録りました。冒頭の「ラーララーラーラー♪」ですね。

僕はよくこの方法を使っています。曲の世界観を先に示せるので、歌い手が曲の世界にすっと入り込みやすい。コーラスのノリを真似して歌ってもらえたり、乗りやすいんです。『Don't wanna cry』は、それまでのいわゆる8ビートとかユーロビートの曲とはノリを変えているので、ブラックのグルーヴ感とか、R&Bのリズムをまず体感してもらうことが大事だと思っていたんです。

黒人の方っていうのは、たとえば8ビートひとつとっても、刻み方が跳ねるんですね。日本人なら「チチチチ」と刻むリズムを、「チッチチッチ」という感じでやる。あと、ブルースの影響なんでしょうけども、悲しいことを表現しようとすると、音程が下がってピッチも下がる。いわゆる「ブルーノート」という音階なんですけど、そういう感覚を奈美恵ちゃんに感じてもらおう、と。こういうことは、別に教えるとか教わるではなくて、聴くのが一番わかるんです。「なるほどこうやって歌うんだ」という気づきですよね。そんな方法でレコーディングしていったから、奈美恵ちゃんも音楽に合わせて盛り上がってくれて、いい形で仕上がりました。

ハプニングのテンポアップ

『Don't wanna cry』から3か月後。夏らしいダンスナンバーとして発表されたのが『You're

my sunshine』である。「シーブリーズ」のCMソングとして、この楽曲もミリオンセラーを記録したが、小室にとっては忘れられないエピソードがあるという。

小室　この曲は、途中のラップ部分からテンポアップしていくんですが、それには理由があるんです。スケジュールの都合で、先にコマーシャル部分だけを納品したんですが、そのときはゆっくりした曲調だったんですよ。だけど、その後に他の部分を作っていたら、どんどんアップテンポのほうがいいな、となってしまって。

とはいえ、すでにCMで流れてしまっている部分は使わなければいけない。そうなると、テンポの遅い部分と速い部分をどうにかしてつなげなきゃいけないわけです。

僕が悩んでいたら、確か松浦さんがアドバイスをしてくれたんじゃないかな。「曲が進むのに合わせてテンポをだんだん上げちゃえばいいじゃないですか」って。コロンブスの卵的な、すごいアイデアですよね（笑）。でも助けられた。その後、編集をスタジオで一気にやりました。もしかしたら、オンタイムで聴いていた人は「ものすごく練られたアレンジだ」と思ってくれていたのかもしれませんけど、実際のところはこんな感じでした。

歌詞では10代の子たちが夏休みの解放感のもと全力で遊ぶ、という感情を表現しました。僕は若い人たちが日常生活で使うような言葉を大事にしているんですが、この曲では「成熟が絵に描いた様に見えるよ」「奔放が手のひらで転がってる」というような、あまり普段は口にしない熟語を使っています。

これは、Mr.Childrenの桜井和寿くんの歌詞や表現に刺激されていたのだと思います。彼は歌詞の中に、あえて難しい言葉、口にしない言葉を持ってくるから、引っかかっていたんです。それを安室さんの曲でもやってみたらどうかと思って書きました。

10代最後のメガヒットとサンダル

1996年7月22日。安室奈美恵が、小室プロデュースとなって初のアルバムが発表される。『Body Feels Exit』に『Chase the Chance』『Don't wanna cry』『You're my sunshine』のミリオンセラー3曲を含んだアルバムとして、発表前から大きな注目を集めた。アルバムのタイトルは『SWEET 19 BLUES』。

小室は、「10代最後の作品」というコンセプトを掲げ、R&Bやヒップホップ、ラップなど多彩なブラックミュージックに乗せて、安室の等身大の姿を19のトラックで描いた。

初回出荷は30万枚超。100万枚ごとにジャケット写真が4種類存在するという実験的な企画も話題を呼び、累計336万枚となる爆発的なセールスを記録。安室にとっても小室にとってもエポック・メイキングな1枚となった。

小室　『SWEET 19 BLUES』のアルバムジャケットでは、厚底ブーツの印象が強い安室さんが、サンダルを履いてくれたんです。あれは奇跡的なことだったかもしれませんね。

安室さんという方は、アイデンティティの塊というか、「私はこうしたい」という芯をしっかり持っている。嫌なものは嫌だと言うし、『Body Feels EXIT』からずっと自分の「アイデンティティ」を歌っているんです。それが彼女の魅力でもあるわけです。

安室さんは、スタイリングの都合上、そのほうが収まりがいいという時でも、それまであまりサンダルを選びませんでした。

ただ、このアルバムでは彼女の「素顔」を出したかった。19歳になる時に作ったので、あれほどリアルタイムに『SWEET 19 BLUES』を体現しているアルバムはない。写真もあえてモノクロにしてシックな感じを出しながら、19歳を生きるドキュメンタリー感も出したい。その一環として、サンダルをどうかとダメ元でお願いしたんです。

そうしたら、奇跡的にOKを出してくれて。ほぼノーメイクの感じで、さらっとした格好でジャケットに登場してくれて、本当に彼女の素の部分が出せたなと思いましたね。

きっと安室さんの中では、その時も全部「自分のアイデンティティ」と語り合って決めてくれたんだと思うんですね。「自分としては、こういう意味だからＯＫ」という確固たる判断基準があったと思うんです。

言葉は数少ないけれど、でもすべてに対して主張がある。そういう彼女の魅力を楽曲で表現したいと思ったのが、タイトル曲の『SWEET 19 BLUES』ですね。少女から大人の女性になっていくことを歌に込めていく作業でした。

だからこそ、この曲は、ぜひとも時代を超えてほしいと思っていた。なので歌詞に「ベル」って言葉が出てくるんですけど、当時ポケベルが全盛期で、ピッチ（ＰＨＳ）とかケータイも出はじめだったりして、本当は直接的な言葉にしようと思ったんです。「ポケベル」とか「電話」とか。でも、あえて「ベル」にしたんですね。

歌詞に具体的な言葉があると古くなってしまうから、抽象的な言葉を選ぶのがいいんだと、ＴＭでデビューした時に、小坂さんにアドバイス頂いたことがあったんです。それに倣《なら》って「ベル」にしたんです。

このアルバムは、１曲目から「とにかくかっこいいじゃん」「洋楽みたいじゃん」って感じてもらわないと成立しないと思っていて、めちゃくちゃ一生懸命作りましたね。

「19歳だから19曲」という構成になっているんですけど、これもジャネットのアルバム

『Rhythm Nation 1814』へのオマージュです。ジャネットも、このアルバムでは「20曲でいく」って先に決めてたみたいなんですよね。そのコンセプトを下敷きにして、日本版『Rhythm Nation 1814』を作ろうと。かなり凝って作ったので、安室さんには「ここはちょっと囁くように歌って」とか、いろいろとオーダーしたんですけど、どれも完璧にこなしてくれました。

ただ、「はい、わかりました」って言ってくれる時も、そこには必ず彼女の「アイデンティティ」が挟まっている。納得するとか、腹落ちしてから頷いてくれた。脊髄反射で「OKです、やります」ということは、なかったですね。

それこそ『SWEET 19 BLUES』の歌詞で書いた「誰も見せたことのない顔　誰かに見せるかもしれない」っていう世界かもしれません。「素顔を見せてもいい」と彼女自身が納得した人以外には見せない。そういう「強さ」を感じました。

世間の皆さんは「小室が考えたキャラクターを安室が演じている」と思っていたかもしれないんですけど、実際はその逆なんです。きっと皆さんは、「小室はアーティストをプロデューサーの色に染めてしまう」みたいな印象があると思うんですけど、安室さんとの関係でいうと、そうではなかったですね。彼女のアイデンティティがまずあって、僕がフレキシブルにそこに合わせていくという形でした。

安室奈美恵のこだわり

このアルバムの後に出したシングル『a walk in the park』でも、安室さんらしさを垣間見ました。アーティストとしてのパワーが段違いだったので、これもミリオンになるんですが、あの曲はロサンゼルスの僕のスタジオで、僕と彼女とアシスタントのたった3人だけで録ったんです。もう、その頃って「安室さんの曲は小室哲哉に完全お任せ状態」になっていて。絶大な信頼を頂いていたわけですからありがたいんだけど、もう阿吽《あうん》の呼吸で1時間ぐらいでレコーディングが終わってしまった。

その時には奈美恵ちゃんの「確固たるアイデンティティ」がよく理解できていた気がします。彼女のほうも「小室さんの書いている歌詞をしっかり受け止められたので、さらっと素直に歌えばいいだろう」という感じでレコーディングされたと思うんですね。高い次元での信頼関係みたいなものがありました。

その後に、僕が驚いたのが、安室さんのテレビでのパフォーマンスでした。それを僕はアメリカで観た記憶があるんですけど、すごくかっこいい高度なダンスがついていたんです。歌いながら、こんなに踊るのかという。その時に「あ、なるほど」って気づいたんです。この曲での安室さんのこだわりは、ボーカルよりもパフォーマンスのところに置いたんだなと。歌唱やレコーディングでは僕のオーダーに応えるぶん、パフォーマンスの領域については「誰にも触れさせたくない自分」を表現したいということだったのかもしれないですね。そういうアーティストとしての成長を見ることができた曲でした。

20世紀最後で最大のウェディング・ソング

1997年2月19日。安室奈美恵にとっても、小室哲哉にとっても、シングルとして最大のヒットとなる楽曲が発表される。『CAN YOU CELEBRATE?』である。

フジテレビ系ドラマ『バージンロード』の主題歌として書き下ろされたこの楽曲は、ドラマのオープニングタイトル映像に、出演者とともに主題歌を歌う安室とピアノを演奏する小室が出演したことでも話題を呼ぶ。教会のバージンロードを歩く出演者を歌と演奏で迎え入れる安室と小室。ドラマと現実の絶妙なミックスが斬新な演出は、『CAN YOU CELEBRATE?』が結婚式で流れる曲になってほしいと願ったドラマのディレクターが発案したものだったという。

この年の大みそかには、2年連続で「日本レコード大賞」の大賞を受賞。祝福に駆けつけた小室がピアノを演奏する中、安室は涙ながらに『CAN YOU CELEBRATE?』を熱唱した。同じ日の「第48回NHK紅白歌合戦」でこの曲を歌ったのを最後に、安室は歌手活動を1年間休止する。翌1998年の紅白で復帰して再び『CAN YOU CELEBRATE?』を歌い、表舞台に帰ってきた。

平成の歌姫が、自らの人生を重ね合わせたこの曲は、時代を超える不朽のウェディング・ソングとして、現在も結婚式で歌われ続けている。


小室　フジテレビのドラマ『バージンロード』のプロデューサーだった栗原美和子さんから、楽曲を依頼された時、「今世紀最後で最大の小室流ウェディング・ソングを作ってほしい」というリクエストがありました。「ハッピーなシーンでも、切なく泣けるシーンでもかけられる曲にしてください」というオファーでした。「これは頑張らなきゃいけない」と思って、ドラマの具体的な設定や内容を教えてもらって。

冒頭とサビの「Can you celebrate?」という部分のメロディーは、ロスのスタジオのピアノで作りました。

曲は96年秋に一度完成させたんですすよね。で、栗原さんがアメリカまで聴きに来てくれたんですが、構成のやり直しを依頼されたんですよね。「素晴らしいですけど、少し変えたほうがいいと思います」と。

一発OKは、僕の40年の作曲家人生の中で実は一度もないんです。それに「今世紀最後で最大」という言葉があったでしょう？　だからすぐにピアノを弾きながら完成予想図を説明して、レコーディングをやり直して、それから2週間でデモテープを完成させました。コード進行なども、決してポップな曲ではないんですよ。コーラスやストリングスも含め、トータルのイメージで成り立っている。なので、ドラマの主題歌ではあったんですけど、映画のサウンドトラックに近い要素の曲があるかもしれません。

だからこそ、中途半端な音では、この曲の良さは理解できないなと思った。異例中の異例なんですけど、デモテープの段階から全編フルオーケストラの構成で録音してお届けしたんです。期待に応えたいし、期待以上の何かも提供したいですから。

楽曲ができた時、安室さんにもすぐ電話で知らせました。「すごくいい曲ができたんだ」と。安室さんがインタビューで「自分では苦手だと思っていたバラードがたくさんの人々に受け入れられてうれしい。思い出の曲になりました」というような内容を語っていて、こちらもうれしくなりました。

この曲のレコーディングの時、珍しく安室さんから質問を投げかけられたのを覚えています。「どう歌ったらいいのか」と聞かれたんです。

小室さんは「ドラマの主人公のこと」としてこの歌詞を書いたのか、それとも「私・安室奈美恵のこと」として書いたのか、この曲に自分はどういうスタンスで臨めばいいのかという意味だったと思います。想定外の質問でしたので、ちょっと言葉に詰まりました。「自分自身のことだと思っていいんだよ」というのも違うし、「結婚前夜の女性の心情をイメージして歌ってみて」というのも違う気がして。どちらとも言えなかったですね。だから、感情というより、テクニカルなことをアドバイスしたという感じでした。概念的、心情的なことじゃなくて、もっと音楽的に「もうちょっと優しく」とか「強めじゃなくていい」というような。

僕は、ドラマが前提にあって、これから長い付き合いになっていくパートナーへの「照れるけど一応言っとかなきゃ」みたいな気持ちを歌詞にしたわけですけど、あの時の安室さんがどんな気持ちで「どうぞよろしくね」って歌ったのか、それは彼女自身にしかわからないですね。

この曲は、時代を経ても評価を頂くことが多くてありがたいです。最近も、GLAYのTAKUROくんが「当時のJ-POPの最高峰だと思っている」みたいに言ってくれて。TAKUROくんは、「永遠ていう言葉なんて知らなかったよね」という自由な歌詞が、当時の安室さんの心情を描き出していることに感動した、と。そして、「サビのような〝つかみ〟が来て、その後にちょっとしたイントロがある」というこの曲のような構成で書いてみたいと思って、『HOWEVER』が生まれたと話してくれたそうです。

あの頃、ミスチルや、つんく♂のシャ乱Qなど、ヒットチャートをにぎわすミュージシャン同士で影響しあっていた実感があります。GLAYにもそういう影響を与えていたんだなと思うと、感慨深いものがありますね。

「永遠ていう言葉なんて知らなかったよね」がまさにそうですが、「〇〇ていう」「〇〇だったよね」というしゃべり言葉をメロディーにうまく乗せることは、僕が作詞の中で唯一自信を持っている点です。

会話って「ていうか」「そうだね」といった接続詞がすごく多い。そういう接続詞って意味があってないようなものですけど、会話の「流れ」や「間」という面では、必要だったりする。それまでの作詞家は文学的じゃないと避けていたのかもしれませんけど、僕は「日常」だったり「素の自分」を表現するうえで重要だと考えたんです。

「CAN YOU CELEBRATE?」という表現も、英語の文法としては違和感を持たれるものだと思います。何を「CELEBRATE」（祝福）するのか、その目的語が示されてないですからね。だから和製英語に近いのかもしれない。僕の歌詞にはこういうものが多く、ときに批判的に指摘されることがあります。英語に限らず、日本語でも文法がおかしい曲がたくさんあるんですけど、それは狙ってやっていました。何より「サウンドに気持ちよくハマるフレーズ」を重要視しているからです。

僕の楽曲はみんなが歌いやすいこと、「カラオケ」で歌われることを前提にしています。皆さんにいまも歌ってもらえるのも、口にしやすいフレーズが多かったからだと自己分析しています。

カラオケの歌詞は縦書きで表現される「詩」とは違って、横に流れていく。いわば、句読点や改行という概念が崩壊している世界なんです。句読点や改行の代わりに、リズムがある。リズムに合わせて詞を追っていく。そのためには難解な漢字を多用してはいけないし、活字になるような硬質な文章より、普段の何気ない「しゃべり言葉」のほうが向いていると考えているんです。

作詞をはじめた頃の僕は、詞は職人的な作り方をする「曲」の空間を彩り、変化をつけるインテリアデザインのような要素だと感じていました。でも、安室奈美恵さんの作品のように、自分の作品がヒットチャートを賑わすようになった時、「言葉」——つまり詞の内容に惹かれて買っている人が多いことを実感したんです。僕にとっては、まったく予想外の現象でした。それに気づいてからは、たとえワンセンテンスでも聞き手がハッとして何か考えてくれるような作詞を心掛けるようになりました。

小室哲哉が安室奈美恵をプロデュースしたのは、１９９５年から２００１年の計6年間。この間、シングル16曲、アルバム4枚を発表した。

一時代を築いた後もなお、安室はＪ－ＰＯＰの第一線に立ち続けた。歴代ソロアーティストで唯一10代、20代、30代、40代でミリオンセラーを達成する快挙も成し遂げた。

２０１７年9月20日。安室は40歳の誕生日を迎えたこの日に、引退を発表。２０１８年9月16日をもって歌手活動に幕を閉じた。

小室　安室さんと出会ったのは、これからアーティストとして羽ばたいていくというタイミングで、ティーンだったこともあり、本当に多感な時期だったと思います。僕もいろいろ尖ったチャレンジを要求しましたけど、本当に頑張ってくれた。その時、その時、全力でぶつかってきてくれたんだと思います。

きっと僕がプロデュースしていた時代の彼女は、僕の歌詞とメロディーが表現する世界観を、ボーカリストとして世の中に広げていく「媒介」の役割を果たそうとしてくれていたんだと思います。この言葉、このメロディー、この長いイントロ。それらをすべて含めて「小室哲哉」というプロデューサーの音楽世界を自分の歌唱で表現するんだ、と。

一方で、いざステージパフォーマンスとなった場合には、ここは私の領域だと。次第にその領域が増え、重要性が増していって、最終的には「すべて自分でプロデュースする」ということになったんだと思うんです。

それで見送った後も、本当に第一線で活躍し続けて、最後の最後まで日本を代表するアーティストとして、まっとうされた。一時代を築く軌跡を共に刻むことができて、幸せだったなと思っています。

安室さんは僕にいろんなサウンドに挑戦させてくれた。ユーロビートからR&Bや、ヒップホップなどのブラックミュージック、オルタナまで。育ててもらったのは僕のほうなんですよ。

7

TK PRESENTS こねっと

台風の目の「現在」と「未来」

YOU ARE THE ONE
122.5万枚
1997年1月1日発表
作詞／小室哲哉・hitomi・MARC・KOO
作曲／小室哲哉　編曲／小室哲哉

オールスターのチャリティー・ソング

小室哲哉が世に送り出してきた20曲のミリオンセラーのうち、ここまでに登場したのは19曲。最後に紹介するのがチャリティーソング『YOU ARE THE ONE』だ。

楽曲は、NTTが立ち上げた、全国の小中高校のインターネット環境を整備・普及する「こねっと・プラン」活動のキャンペーンソングとして1997年元日に発表された。

歌うのは「TK PRESENTS こねっと」。小室がこれまでプロデュースや楽曲提供を手掛けたアーティスト23人と結成したスペシャル・ユニット。メンバーを列挙すると、当時多くのメディアで語られたいわゆる「小室ファミリー」のオールスターが揃い踏みした夢の企画であったことが伺える。

●『YOU ARE THE ONE』参加アーティスト（歌唱順）
内田有紀
hitomi
甲斐よしひろ
宇都宮隆
taeco・kaba・asami（doS）
久保こーじ
浜田雅功（H Jungle with t）
大賀埜々
SAM・ETSU・CHIHARU（trf）
木根尚登
m.c.A・T

天方直実
MARC PANTHER（globe）
DJ KOO（trf）
安室奈美恵
華原朋美
KEIKO（globe）
YU－KI（trf）
観月ありさ

また小室は『YOU ARE THE ONE』のCDジャケットの裏面に、以下のようなメッセージを寄せている。

今回、僕の個人的なお願いでたくさんの忙しいアーティストの方達が、チャリティーでこの1曲の為に力を貸してくれました。そして、取りまとめを気持ちよく引き受けてくれたTKルームのスタッフ、各レコード会社の皆様、そしてもちろん各アーティストのマネージメントのスタッフの方達、皆さん本当にありがとうございました。曲を作っている時、各アーティストみんなの顔が浮かんできて、どんどん純粋な気持ちになれた自分がいました。未来を担うみんなの為に、少しでも力になれる様、これからも頑張りたいと思っています。最後にこのCDを買ってくれた皆さん、ありがとう。

Tetsuya Komuro

小室　このメッセージで述べた感謝は、けっして形式的ではなく、本当に心からのものでした。『YOU ARE THE ONE』のために骨を折ってくれた人がどれくらいになるか、ちょっとわからないですよね。

全員のスケジュールを合わせるのはとても不可能だったので、担当してくれるパートごとに全部別々に録音してもらって、僕がひとつにまとめたんです。だから、各アーティストの担当マネージャーや、音楽担当スタッフ、ディレクション、音楽制作、エンジニア、何人関わったんだろうという。たとえば、浜田さんひとりのパートだけでも、20〜30人は関係者がいたと思います。総勢で言ったら100、200人は軽く超えている。

僕はロサンゼルスのスタジオで、東京、大阪、ハワイ、ニューヨークと、みんなが各地で歌ってくれたものを待つという仕事でした。まだインターネット回線が速くなかったから、国際電話回線でデータを送ってもらったんじゃないかと思います。

歌う順番は声質やキーの高さなどを考慮して決めました。トップバッターは内田有紀さんで、トリは観月ありささん。皆さん忙しかったのに快く引き受けてくれました。

ファミリーと孤独

『YOU ARE THE ONE』誕生のきっかけとなったのは、1995年1月17日に発生した阪神・淡路大震災だった。死者・行方不明者は6400人を超え、全半壊など被害を受けた建物は約53万棟にのぼるという未曽有の被害をもたらした。

「被災された皆さんに、音楽を届けたい」と考えた小室は当時、音楽CDとカセットデッキ500台ずつを数回に分けて被災地の学校へ贈った。しかし、現場の混乱もあってうまく行き渡らず、小室にはやるせない思いだけが残ったという。

みんなのために、自分に何ができるのか——そう考えていたところに、NTTから全国の小中高校のインターネット環境を整備・普及させたいという話が舞い込んだ。

そこで発想したのが、1985年に発表されたチャリティーソング『We Are The World』だった。アフリカの飢餓救済のため、マイケル・ジャクソン、スティーヴィー・

ワンダー、ブルース・スプリングスティーンらが参加した楽曲だ。

この楽曲のプロデューサーであるクインシー・ジョーンズは、第一章で触れたとおり、小室が音楽プロデュースの道を志すきっかけにもなった人物である。

憧れのプロデューサーが通った道を、小室も追いかけようとしていた。


小室　なぜ『YOU ARE THE ONE』としたのか。未来を担う子どもたちに、「君はひとりしかいない存在だよ」という思いを伝えたかったからなんです。

あの頃、若者や子どもたちが、大人から見ると「何を考えているかわからない」と言われてしまうような空気があったと思うんですよね。

ひとりひとりがそれぞれの人生を一生懸命生きているのに、大人たちからは「世代」とか「最近の若者」みたいに群れのひとつにくくられてしまう。だけど、子どもたちの個性はそれぞれ違うんだよってことを伝えたかった。大人たちにも、そのことを言いたかったんですよね。

この曲は、単なるキャンペーンソングに終わらず、その後安室さんがソロ・バージョンを歌ってくれたり、坂本美雨さんが「いい曲だ」と言ってくれたり、曲自体を評価してくれる、うれしい反応がたくさんありました。

歌詞に「結局」っていう言葉を使っていますけど、そこは、自分にとって一番大切な人、大事な人の顔が浮かべばいいなと思っていました。この曲に参加してくれたアーティスト全員が思い浮かべる人が、それぞれ違っていいと思ってたんですよ。「YOU ARE THE ONE」の「ONE」っていうところがね。

ミリオン20曲の中でも、これほど自分と向き合って孤独に作った曲はないかもしれません。静かな環境の中で、ひとり届いてくる音をつないでいくというか、乗っけていくというか。だんだんパズルができあがっていくというか。みんなに協力して頂いて、歌ってもらっているけど、だからこそ、自分がひとりであることが際立っていたというか。

売れ出してから、特に達成感が大きかった96年を境にして、孤独になっていったのは間違いないです。結果も出ているし、期待して頂けるのはありがたいんだけど、オファーの数と反比例するように、「こうしたほうがいい」「それはやめたほうがいい」と言ってくれる人がどんどんいなくなるんです。いいとか悪いとか率直に言ってくれる人も。

だから、どんどん「自分の判断がすべて」ということになっていった。詞・曲・音の全部を自分でやってきたわけですけど、売れる、売れないの判断も自分。人選も何もかも自分。自分以外、本当に何もない状況ですね。

いま思い返すと、質としても量としてもあれだけの作品を作る仕事をやるというのは、結局何か負の部分まで背負って、抱え込んでいかなきゃいけなかったのかなと。仮にあの頃の自分の成果を「偉業」と言って頂けるのであれば、それを成し遂げるには「負」の部分は避けられなかったのかもしれません。

ひとりでいいものを作りあげること、方向性を判断すること。『YOU ARE THE ONE』を作るときは、その孤独を痛いほど感じました。もちろん「ONE」は、ナンバーワンとか、オンリーワンとか、前向きな意味で、「Lonely」という意味まで託してはいなかったですけれど。

プロデューサーは断らない

1994年以降、小室は毎週のように楽曲を発表し、毎月のようにミリオンセラーを生み出していた。本書ではシングル曲を中心に取材しているが、無論、この間発表されたアルバムでもミリオンセラーを達成している。

プロデュースするアーティストや楽曲提供のオファーが増えた小室は、そのオーダーに応えるべく、東京・港区にあるビルを一棟借り切り、複数のスタジオを行き来しながら、同時進行で音楽制作を行っていた。

ヒット曲を生み出せば生み出すほど、小室自身に寄せられる期待も大きくなり、オファーも増えていく。音楽業界でも未踏の領域に踏み込んだ孤高のプロデューサーに、意見できる人間がいなくなっていったことは、半ば当然かもしれない。そんな孤独の中でも、小室は決してペースとクオリティを落とすことなく音楽活動を続けた。

その制作スタイルは、1996年に拠点をアメリカ・ロサンゼルスに移した後も続き、最盛期には、ロサンゼルス・ニューヨーク・ロンドン・バリ・上海・東京を、1週間刻みで駆け巡る生活を送っていた。それを選んだのは、よりクオリティの高いサウンドを日本の音楽ファンに届けたい、という一心からだった。ロサンゼルスで曲を書き、ロンドンのミュージシャンたちと音を入れ、ニューヨークで仕上げてミックスを行うという日々。シングル曲だけではなく、カップリング曲やインスト曲、アルバム収録曲まで含めると、1年で90曲以上作った年もあったという。

しかし一方で、市場を席巻するほどの膨大な創作活動は諸刃の剣でもあった。クオリティを維持できなければ「粗製濫造」と揶揄されるリスクもあるし、売れ続けなければ「一過性のブーム」と捉えられてしまうかもしれない。

それらを恐れ、戦略的にリリース期間の間隔を開ける判断をするアーティストも多い。

しかし、小室は目一杯まで仕事を詰め込んだ。背景にレコード会社、そして「時代」の要請があったにしても、それは過酷な修羅の道である。

それでも小室自身を突き動かしたものは、一体何だったのだろうか。


小室　いつ、寝ていたんでしょうね…。確かに、あの頃は大変なスケジュールでした。曲の制作だけでも時間がないのに、ｇｌｏｂｅなどのライブもこなしていましたからね。そこまでしなくても、もっと仕事量をセーブしても良かったんじゃないかと言われることもありました。だけど僕はそんな選択肢を考えなかった。

１９９４年に自分からアーティスト活動を止めて、その代わりにまだ日本では知られていないプロデューサーという職業を選んだ。その存在を大きく、メジャーにしたかった。「プロデューサー」という概念自体を牽引していきたいという思いがあったんです。

それなのに、プロデューサーが自分から「疲れた」「休みたい」と言うのは違うな、と。「充電します」「活動休止します」っていうのはアーティストの常套句ですけど、プロデューサーだと宣言したからには、そういうことを言えないという思いがあったんです。「自分のペースで」というのは、アーティストなら許されるかもしれません。でも、アーティストを裏側から支える「プロデューサー」というのはやはり仕事人、職人ですから、オファーをいただける限りはありがたく受けて、全力で取り組まなきゃいけない、と。

プロデューサーは、依頼されてこそプロデューサーです。指名があって、「こうしてほしい」というオーダーがあって、そこに応えることを一番大事にしていたから、あんな過酷な日々になってしまったのかな…というのはあると思います。

とにかく依頼は断らない。「断れない」というよりは、「断らない」が最初だったと思うんですね。次も、その次も話を頂いた、ありがとうございますっていう感じで。もういいでしょうとかっていうのは、自分からは言わなかったですね。


とはいえ、依頼を断らないということは大変で。

映画やドラマの主題歌、CMタイアップのオファーのときなんて、もう関係者の方の数もものすごいわけです。広告代理店、放送局、スポンサー、制作会社……。名刺をもらっても把握できる状況ではなかったですね。だから挨拶だけですぐ打ち合わせを始めたり。

そして、これまで話してきたようなアーティストのトータルプロデュースの話をしている最中に、どんどん単発の楽曲提供のお仕事もいただくわけです。

たとえば『Too Shy Shy Boy!』以来、観月ありささんに久しぶりに曲を作ることになって、『happy wake up!』を作ったんですけど、その時のオーダーは「『BOY MEETS GIRL』

みたいな曲を作ってほしい」というもので。そう言われるのもかえって難しかったりするんですけど、こういう仕事が次々と入ってくる。

打ち合わせの時間が取れなくて、スタジオまで来ていただくこともしばしばでした。スタジオ脇の控え室的なところで、「ちょっといいですか…」っていう立ち話的な話が、結局「1曲のお願い」ということも、ザラでしたね。秘書もいないし、ほとんどメモとかも取ってなかったんで、記憶だけでやっていました。毎日、昼ぐらいから曲の依頼とか打ち合わせ、取材が入っていて。そんなことを何だかかんだで夜の8時ぐらいまでやっていて。そこから夜通しでグッと曲作りの作業に入っていくという感じですね。

夜明け頃に作詞して、曲にハマるか、みたいなことをやったり。体力的に辛くなったら、ちょっと寝てから、また起きて。いまから考えれば、よくスタッフが待っていてくれたなと思います。朝起きてすぐ作業して、待機していたスタッフに納品して、ということが、もうルーティンになっていて。毎日、寝る時間をどうするか計算するので精一杯でした。

いろんなアーティスト、様々な作業を同時並行でやっていくうえで、頭を切り替えるコツは「場所替え」でしたね。同じ場所で「はい、次の仕事」となるより、作業ごとに場所を替えると、気持ちが切り替わる。それがだんだん拡大していって、海外に拠点を移したりということにもつながっていきました。

ただ、途中から批評がなくなってしまったのは孤独でした。プロデューサーって、いろんな部署の様々な立場の人を飛び越えてしまってる感じで、制作に関しては「全部おまかせ」状態なんですよね。だから裏を返せば「納品さえしていただければOK」「いいも悪いもない。小室さんならOK」「感想はありません」みたいな世界に入ってしまって。CDがリリースされれば売り上げの数字こそハッキリ出るけれど、楽曲を聴いて感想をもらったり、作品を振り返るような機会もあまりなかったですし。「とりあえず間に合ってくれれば…」っていうことが、この時期に関してはありました。

自分の好き勝手にできるからいいじゃないか、と思われるかもしれませんけれど、決してそんなことはなくて。売れはじめてからのほうが、圧倒的にうれしい記憶が少ないんですよね。ファンに向けてというより、小室哲哉の指し示す方向性を肯定してくれる「市場」のようなものに「曲を落としていく作業」になっていく自分がいた。いつの頃からか、「小室哲哉」を使うってことは、もうある種の「経済圏」というか「ビジネスモデル」みたいになっていたんですよね。

いろいろ新しいことを試してはいたけれど、クオリティは絶対に下げられないし、僕のことを研究している人もどんどん増えている。そういうものをはねのけながら期待に応え続けなきゃいけない「売れたからこその辛さ」というのは確実にありました。

そんな中でも「あぁ、気持ちいいなぁ」と感じたのをよく覚えているのは、１９９７年の5月（27・28日）に台湾でやった「TK PAN-PACIFIC TOUR'97 IN TAIPEI」ですね。安室奈美恵さんとｔｒｆ、そしてｇｌｏｂｅで、２日間で5万人を集めました。ミリオン連発のアーティストを引き連れてアジアに進出した、という高揚感はありました。

もちろん、冷静なもうひとりの自分が「そんなにブームは続かない」「いずれ高度は下がっていく」って耳元で囁くんですが、それでも自信というか、自分の目指すところに素直に向かっていくことができているな…という充足感は感じていました。

宇多田ヒカルという新潮流

１９９７年、台湾で感じた高揚感。自分の音が確実に時代を捉えていると感じる中で、小室にとって衝撃となる出来事が訪れる。

翌１９９８年末、シングル『Automatic』でデビューした宇多田ヒカルの登場である。突如として音楽業界に舞い降りた新星の姿に、小室は即座にミュージックシーンの潮流が変わることを予感したという。

小室　98年の12月でしたよね、宇多田ヒカルさんという存在が出てきたのは。僕は、年末年始はアルバム制作などで、毎年のようにレコーディングをはじめていたので、よく覚えています。なんでその頃忙しかったかというと、レコード会社の事情だったか年度末の3月頃にリリースしなければならないことが多くて、そうするとスケジュール的に逆算すると、年末〆切というのが多くなるんですね。宇多田さんをテレビで初めて見たのは、そんな暮れも押し迫ったレコーディングの合間だったと記憶しています。

ＣＭだったと思うんですけど、映像も新しいけれど、特に譜割りに驚きました。歌詞への日本語の入れ方が、既存のＪ－ＰＯＰと全然違う。面白い子が出てきたなって、本気で思いましたね。新しい流れが来ているな、と。アメリカ育ちだと後になって知って、すごく納得しました。

１９９8年というと、僕は夏に鈴木あみ（現・亜美）ちゃんをデビューさせているんです。彼女は、その年の2月にテレビ東京のオーディション番組「ＡＳＡＹＡＮ」の僕のコーナー「コムロギャルソン」で選ばれた。

聞くところによると、１週間で10万人規模の応募があったそうです。当時はＳＮＳどころか電子メールも浸透していない。いまみたいに、手軽なネットエントリーじゃなく、応募者は郵送したり行列に並んだりなんです。それで10万人だなんて、信じられないですよね。僕は最終オーディションしか見ていないからわからないけど、一体どうやってこなしていたのかと思いますよね、いま思うと。

あみちゃんについては、EPICソニーの丸山茂雄さんから「20世紀最後のアイドルを作ろう」と言われていて。その年の夏から『love the island』（98年7月1日発表）を皮切りに、立て続けにシングルを4枚出して。翌年のファーストアルバム『SA』は最終的に250万枚のセールスを収めました。もう十分すぎるくらいの大ヒットです。

世の中も「小室哲哉はまだまだ売れる」「最強コンテンツだ」っていう雰囲気ではあったんですけれど、その一方で、年末の宇多田さんの鮮烈なデビューを見て、潮目が変わるかもって予感はありました。自分の気持ちと、世の中との乖離《かいり》みたいなものを感じはじめていたというか。だけど、契約で予定は先まで詰まっているし、走り続けるしかない。

もし、いまSNSがあったら「小室は飽きた」みたいなつぶやきも、きっと出てたんだと思います、おそらくね。ひとりのプロデューサーが、そこまで長くヒットを出し続けるっていうのは、後にも先にもないですから。

ブームはまるで台風のように

80年代にTMで「売れない悩み」と対峙した小室は、80年代後半から90年代に差し掛かる時点で「売れ続けるための悩み」に直面し、90年代中盤に差し掛かると今度は「売れすぎた後の悩み」を抱えることになっていった。

ステージが変わっても、影のように忍び寄る悩み。音楽プロデューサーとして、絶頂からどん底まですべてを経験した小室は、いまあの時代をどう振り返るのか。

小室　去年（2023年）、『DE:TOURS』という写真集を出したんですけど、そのタイミングで、久々にサイン会を開いたんです。100人だけの集まりだったから、いつも来て下さる古くからのファンがほとんどだろうと思っていたんですね。そうしたら、半分が小学生、中学生、高校生といった10代で「ファンになって今日初めて会えました」っていう声もあってビックリして。

ひとりずつ、30秒ずつくらい話したんですけど、皆さん、真剣に考え抜いて話してくださったんです。「これだけは聞いてほしい」っていうメッセージもくださる方もいたし、「私を知ってほしい」という方もいた。新型コロナウイルスという特殊事情もありましたけど、ファンの方と向き合うのが、本当に久しぶりで。

その時に、ふと思ったんです。「これ、100万人聴いたらどうなるんだろう」って。当たり前なんですけど、ひとりが100万人いないと100万人にならない。それをものすごく実感させられたんですね。あの頃、当たり前のようにミリオンセラーを達成していたけれど、その1曲3〜4分に対して、100万通りの思いがあったんだと思うんです。

その人の立場も違えば、環境も違う。喜怒哀楽、その時に抱えている感情も違う。どんなときに、あの音楽が流れてきたのか、どういうときに、聴こうと思ってくれたのか。しっかり小室の曲を聴こうという人から、今回どんな感じなんだろうかって興味本位の人まで、1曲、1曲が多面体のようにいろんな見え方をしていたと思うんです。100万人いたら、100万通りの記憶がある。そこは膨大だなぁと。

今回、あの頃を思い返していて、あの日々は何だったのかと考えたんです。具体的な言葉にするのはすごく難しいんだけど、行きついたのが「思いや狙いはあっても意図的には作れないもの」だってことです。僕は、新しい音楽を世に送りだそうと思っていろいろ仕掛けたけど、ブームやムーヴメントっていうのは「決して意図的に作り出せるものじゃなかった」っていうのが、いまのところの僕の答えなんです。

当時、皆さんに「小室旋風」って言っていただいた。旋風、つまり「風」です。風という気象現象は、二度と同じように再現できないそうですね。その大きなものが、竜巻とか台風なんでしょうけど、天気予報が膨大なデータを分析しても、いつどこで起こるか、どこへ向かうのか、完璧には予測できない。起こせと言われても起こすことなんてできない。

もし、ブームというものを可視化できるとしたら、台風の動きに近いような気がします。いろんな人の思いとか、いろんな不確定要素とか、何か見えない力が動いて、進路というか、方向を変えたりとか。ブームの原動力を僕が生み出した、僕自身が台風の目になったということかもしれないんですけど、風が生まれて、周りを巻き込み、徐々に巨大化していって、そして、自分でもコントロールできなくなって、そして消えていってしまうという。台風ってそういう存在でしょう。

たとえがよくないかもしれないけれど、巨大であり、日本中を巻き込んだものであり、意図的に作れるものではないっていうことを重ねたら、まさに「台風」だな、と。ああ、そういうことだったのかな…って思ったんです。

1994年から4年間にわたって、20曲のミリオンセラーを通じて、小室がJ－POP

に巻き起こしたムーヴメント。それを小室は「台風のようだった」と振り返った。渦を巻いた積乱雲の集合体である台風。地球上で発生するハリケーンやサイクロンも含む台風全体の数は年間およそ80とされる。

台風のもとになる積乱雲の塊は、各地で年間数千近く発生しているが、その大半は台風にならずに消滅してしまう。台風になる積乱雲と、ならない積乱雲の違いは何なのか。実は、そのメカニズムは気象学においてもっとも解明が進んでいない現象のひとつとされている。2022年3月から理化学研究所客員主管研究員の肩書を持つ、小室哲哉らしいたとえかもしれない。

小室は一度だけ、竜巻が生まれるところを見たことがあるという。それはまさに小室が日本列島を自らの音楽に巻き込み始めていたときだった。

小室　アメリカのアリゾナ州の砂漠に、ミュージックビデオの撮影で行ったんです。globeの6枚目。『Is this love』だったかな。

とにかくすごく暑かったんですよ。気温が40度を超えていて、でも湿度はなくてカラッとしていて。ヘリコプターを借りて4日間かけて撮影したんです。演出の関係で、何百メートルもある大きな岩の上にヘリで連れていかれて、僕だけひとり降ろされて撮影したりして。タイアップがない曲だったのに、すごい予算だったんです。

その撮影の合間、ふと遠くを見たら、ちいさな風が集まりだしたんですよ。気になってずっと見てたら、あっという間に、周りを巻き込んでどんどん大きくなっていった。こっち来たらどうしようと思ってロケバスの中でじっと見つめていたんです。幸い僕らのほうには来ないで、サッと別の方向に行ってしまったんですけれど。

たったそれだけの些細な出来事だったんですけど、なぜだかすごく記憶に刻み込まれているんです。自然の力というか、人知を超えて膨れ上がっていったものを認めるしかない瞬間というか。起きたものはそれが去っていくまで、見届けるしかないということを感じたというか。そして、去ったら何もなくなってしまう。アリゾナの大自然だからこその光景だったと思うんですけど、あれは一生に一度の経験でしたね。

あれから30年近く。2024年のいまでも、街で小さな風が舞っていると、小室哲哉は思い出す。

アリゾナで観た、あの風が生まれる瞬間を。あの頃の日々を。

第 三 章

現 在

ここからの小室哲哉

2021-

改めて、お騒がせし、ご心配やご迷惑をおかけしたことをお詫びいたします。

今しばらく音楽をやらせてください。働かせてください。体力は以前より後退しましたが、なにより音楽を創るアイデアとエネルギーは確実に進化していると感じています。TMはTMなりの活動をしたい。僕は僕なりの創作をしたい。

いろいろな過ちがあっても、まだやれると背中を押してくれる友がいる。待っていてくれるファンがいる。

これからの自分に残された時間にできること全てで、音楽で少しでも光を灯せたら。と、このコロナ禍に沢山の事を考え奮起致しました。


毎日感謝でいっぱいです。

この気持ちを忘れることなく、これからまた創作に励みます。

小室哲哉

2021年10月。小室哲哉は、このメッセージとともに、音楽活動に復帰した。

引退から3年半あまり、なぜ活動を再開させたいと思ったのか。率直に聞いた。

小室　21年の10月1日に「もう一回やりたいんだよ」って言わせて頂いたんですけれども。その間に、耳の具合がちょっと悪くて、病気になっちゃったりとか、ちょっと過ちや、判断ミスとかいろいろあってシュンとなってしまっていて、「僕なんかだめだめ」とか言ってたんです。鍵盤をもう触りたくないなと、1年くらいはドレミファソラシドみたいなことすら弾かなかったですね。自信過剰なくらいだったはずなのに。「おまえ、自信あったじゃない？」みたいなのが、まったく自信なくなってしまって。

でも、コロナ禍で緊急事態宣言があって、僕が家にいつもいるのと同じ感じで、ほかのミュージシャンの方や、いろんなお仕事の方、日本中がお休みになった時期があったじゃないですか。その時に何となく、みんな今度、再活動するときは、みんな一斉に「せーの」っていう感じでリスタートするんだなっていうのをぼんやりと思ってて、それはうらやましいなって。またスタートできるって素晴らしいなと思ってたんですね。

よくよく考えると、僕の人生とか立ち位置って音楽がほぼ100パーセントなんですよ。だから、音楽とっちゃうと、もう立ち位置も何も、居場所も何もかも、何もないんだなっていうのがつくづくわかりましたね。すごくそれは実感しましまして。

で、TM NETWORKのメンバーの2人から「どう？　そろそろどう？」みたいな感じで言ってもらってね。直接、声掛けてくれて——という感じです。

小室が、復活の背中を押してくれたと語るTM NETWORKの木根尚登に聞いた。

「具体的に、どういう言葉が彼の背中を押したんだろう。宇都宮くんが2018年に、ソロで『ひとりTM』っていうコンセプトのライブをやったんですね。その時に、『この前、ひとりだったから、じゃあ、次、2人でやらない？』って言って、次の年に一緒にやったんですよ。そのライブに小室くんを呼んで、見てもらったんですね。それで、今度は『次、3人だね』っていうような流れで。これは宇都宮くんが、暗黙のうちにそうなるよう考えたことだったと思いますね。

引退している時に、小室くんの家に遊びに行ったときがあって。引っ越したばっかりというのもあったんだけど、小さなシンセサイザーが1台、ポンとあって、他は何にも置いてなくて。100インチぐらいの画面のテレビが2台あったかな。これ、なんで2台必要なのかな…と思いながら、まあ、何もなくて。それで、『全然何にも弾いてないんだよね』って言ってて、『あ、そうなんだ』って。その時はただ普通に世間話をして、まだUber Eatsっていうのがこんなに世に出てくる前で、すごいんだってことを1時間くらい説明されてですね、『じゃあ、頼んでみようか？　30分でくるよ』って言っててね。10

0インチのテレビのところに、お弁当がバーッて出てきて、『どれにする？』って言われて、『あー、じゃあ、このしょうが焼きのお弁当に…』なんて話をしたりとか…。うーん、ちょうどその頃に言ったのかなあ。

だから、そんな、今日はこんな話をして、彼にこういうことを言おうとか、そういう意識もなかったんです。いろんなことがありましたけど、ただただ、言葉にはしなかったけど、信じてる、信じて来たんだ、ということですね」

小室がミリオンセラーを連発した90年代を経て、J－POPは時代とともに進化し、時にコンテンツの未来を先取りしてきた。特にインターネットを中心にメディアとテクノロジーが変容した平成という時代は、ヒットの構造が大きく変わった30年間でもあった。

特に令和になってからは、音楽産業は、CDからストリーミングサービスとライブビジネスへと完全に移行。CD売り上げ100万枚の「ミリオン」から、1億回再生の「ビリオン」へとヒットの指標そのものが変わった。そのため、ある曲を100人が100回聴くことも、1万人が1回聴くことも、どちらもヒットとみなされる時代に入っている。

スマートフォンの普及台数が1億台を超えるいま、誰もが気軽にソーシャルメディアで映像を発信できることから、誰もが歌える、口ずさめる楽曲から、誰もが踊れる、パフォーマンスできる楽曲へとトレンドが変わっていることも構造変化のひとつの要因だろう。

いまこの時代に音楽活動を復活させた小室は、時代の変化をどう捉えているのだろうか。


小室　いまの指標はやっぱりスマホです。圧倒的ですよね。手のひらでどれだけ五感を揺さぶるかみたいなことだと思うので、音楽にしても、視覚的にもインパクトが必要です。それと、みんな飽きっぽくなっちゃったのか、焦ってるのか、急いでるのかはわかんないんですけど、3分、4分、5分は長いんですよね、いまの人たち。

配信アプリとかでも、みんな、ポンポン、ポンポン、スクロールしていくので、「つかみ」が大事になっている。僕の時代の90年代でも、サビがアタマとかっていう「つかみ」っていうことは言ってたんですけど、それでも15秒聴いたら、同じ15秒でも、そのあとが聴きたいって思ってくれるものを作ってたんです。

でも、いまは15秒なら15秒で完結というか。何回も15秒を見る、リピートするっていうか。その違いはあると思いますね。それでも僕は最初パッと聴いて、この後、どうなっていくのかな、展開があるのかな、と想起してもらえるように作ってるんですね。

昔からある映画の予告編では、印象的な「引き」になるシーンは見せるけど、核心は隠しておくじゃないですか。それが予告編の素晴らしいところなんですよね。最近も広告の手法で「ティザー」（焦《じ》らし）ってありますけど、あくまでも15秒では核心とか、作り手の狙いはわからなくて、それを味わうためにはちゃんと聴くなり観るなりしないとっていうところを汲み取っていただけると、もっと広がるかなって思いますね。

とはいえ、ひとりの人間が持っている能力には限界があるし、それぞれの「癖」もあるので、創作のピークというのは、長く持って10年くらいじゃないでしょうか。

そこを超えて、それでも変化し続けていくためには、新しいテクノロジーやカルチャーをいち早く採り込まないと。新しいものにくっついていくことで、自分の鮮度をもう10年、もう10年って長持ちさせるようにやってきた気がします。理想は、自分の本質は絶対に消さずに、その本質を生かすテクノロジーとか、カルチャー、文化とかを採り込んでいくこと。自分の個性がなくなっちゃったら意味ないですから。

音や機能を時代とともにアップデートさせることができる「シンセサイザー」を駆使して、最新のテクノロジーを柔軟に取り入れ、トライ・アンド・エラーを続けてきた小室。令和の音楽シーンに、どんな楽曲に届けようとしているのか。

筆者である僕は、そんな小室の新しい挑戦に立ち会うことができた。

2022年夏。小室哲哉は、ある楽曲を手掛けていた。

NHKEテレ「天才てれびくんhello,」から、8年ぶりに復活した番組の名物企画「MTK（ミュージックてれびくん）」の楽曲を依頼されたのだ。

1993年放送開始の子ども向けバラエティ番組「天才てれびくん」シリーズ——通称「天てれ」は、翌2023年に放送30周年の節目を控えていた。出演する子役は「てれび戦士」と呼ばれ、これまでウエンツ瑛士や大沢あかね、生田斗真、鎮西寿々歌、岡田結実など多数のスターを輩出してきた長寿番組である。

30年の歴史は長い。現在のメイン視聴者である小学生の親世代にとっても、「天てれ」は子ども時代に親しんでいた番組だ。小室に楽曲を依頼すれば、小室サウンドで青春時代を過ごした親世代の記憶にも残る企画になるのではないか——そう制作陣は考えた。

単に楽曲をオファーするだけでなく、小室が「てれび戦士」と出会い、どんな楽曲を制作するのか、どんな詞をしたため、どんなプロデュースをするのかをカメラは追った。

結果、前後半合計50分にわたる、子ども向け番組としては異例の「楽曲制作ドキュメンタリー」が完成した。

番組のチーフ・プロデューサーとして、企画段階から取材・ロケに至るまで小室と接した僕は、その過程で様々な光景に立ち会うことになる。それは、小室哲哉という作詞家・

作曲家・編曲家・プロデューサー、そして音楽家としての手腕を垣間見るものだった。

同年5月。都内某所にある小室のスタジオで、番組側から依頼したのは「コロナ禍を生きる全国の子どもたちとその家族を励ます曲を作ってほしい」ということと、「楽曲制作の過程をカメラに収めたい」という2点だった。

引き受けてくれるか、緊張して返答を待った。

「僕の曲で多くの子どもたちが音楽に関心を持ってくれるなら、喜んで引き受けます」

それが小室の答えだった。そしてこうも提案してくれた。

「いまを生きる子どもたちが、コロナ禍で、どんなことを感じているのか話を聞きたい。『てれび戦士』と僕が初めて会話をするところから、カメラを回してはどうか」

数多くのアーティストをプロデュースしてきた小室。しかし「てれび戦士」は小学生から中学生の子どもたち。ローティーンに向けて新曲を書き下ろすのは初めてのことだ。

「10代のアーティストを手掛けたことはあるけれど、ローティーンの子どもたちはこれまでの最年少。ただ、若いから手に負えないなんて言っていたら、僕のプロデュース人生が終わってしまう。ここは頑張ろうと思います」

小室はそう強い意欲を見せた。

7月。「てれび戦士」と小室哲哉が初めて顔を合わせる。東京・渋谷のNHKのスタジオには、進行を務めるチャンカワイと、企画に参加する稲毛眞生、勅使河原空、布施麻理亜、松尾そのま、丸山煌翔の5名の「てれび戦士」。コロナ禍のため、モニター越しのオンラインミーティングになったが、それでも、音楽界を代表するレジェンドの登場にスタジオがどよめいた。

「やっぱりコロナ禍というか、小学校低学年の頃はもっと自由な学校生活だったわけでしょ? みんなにとっては、まだ十年くらいの人生だけど〝昔はよかったな〟とか思う?」

小室が「てれび戦士」に質問を投げかける。

「みんなでマスクしないで気にせず遊べたのは、今ではうらやましいなあとは思います」

「いつも鬼ごっこをしてたんですけど、急に校庭に出ちゃダメになってすごく嫌でした」

「おばあちゃんに会えなくなったり、友達を家に呼べなくなった。その子と遊びたい、その人に会いたいというのがなかなかできなくなった」

小学校や中学校に通いながらテレビ出演している「てれび戦士」たちから、リアルで率直な意見が次々と飛び出す。

「みんなコロナでいっぱい我慢してきたよね。その中でも一番困ったことは？」

小室は質問を続ける。「てれび戦士」が答える。

「1年生が来てもマスク外してる姿を見たことないから、ちゃんと顔を見たい」

「給食の時にマスクを外すんですけど、周りを見ると、え、みんなそんな顔しているんだ…ダレ？　みたいな気持ちになることがありました。思ってたのと違うことも多かった」

30分程度、会話は続いた。番組スタッフには、小室と「てれび戦士」の「ちょっとしたやりとり」にしか感じられなかったが、小室はこの時すでに楽曲のヒントを得ていたという。会話の後、小室は「てれび戦士」にこう語りかけた。

「友達の〝本物の顔を見てみたい〟ということを話してくれたと思うんだけど、それは、いろんなことにつながるね。漢字でいう『素顔』の『素』。それと『心』の『素』を見たい、みたいな。『素直』な気持ちの『素』と一緒でしょう？」

小室は「てれび戦士」との会話から、曲のテーマとなる「素（す）」という言葉を導きだしていたのである。

さらに小室は、「いまの子どもたちは、学校で決められたルールだけではなく、友達を気遣って自分たちだけのルールを付け加えて決めている。コロナ禍は、そんなところまで子どもたちの行動に影響を与えている」と受け止めていた。

「小室さんは、どうして頭に残るメロディーを作れるんですか?」

「才能かな? なーんて言ったら、怒られちゃうんで、そうじゃないんですけどね。うーん。カッコよく言えば相手のことを思いやる気持ちがあると、考えれば考えるほど届いてほしいって思うんだよね。そういうことを考えて作ると自然と寄り添うメロディーになったりするね」

その会話を現場で見ていた僕は、小室哲哉という音楽家の「凄み」を感じていた。

8月、小室の曲作りがスタートした。普段は見ることができない作詞・作曲の一部始終にカメラを回した。

小室はまず、頭に閃いたイメージを「和音」にして奏で、曲の土台を作っていく。聴こえてきたのは、切なさを感じさせる曲調のコード。「曲を通じてコロナ禍を生きる全国の子どもたちを元気にする」という言葉とは裏腹にも思える響きだ。ところが、次の工程としてそこにリズムが加わると、曲が明るく聴こえてくる。そして最後にメロディーラインが加わると、狙い通り、子どもたちの背中を押すような楽曲が立ち上がってきた。

制作開始から3時間。小室に作曲の意図を尋ねると、こう返ってきた。

「『てれび戦士』の話を聞くと、楽しい話ばかりではなく、コロナ禍で寂しかったり辛かったり、大変だったという声が多かったので、音の土台には切なさを入れようと。でも、リズムに打楽器の音をたくさん加えると、曲調が明るくなってくるんです。こうやって切なさと前向きさを曲の中に同居させていくんです」

続いては作詞。A4の紙に手書きしていくのが小室のスタイルだ。水性の黒のマジックペンで言葉が刻まれていく。小室は、1曲の中で物語を作るため、詞をブロックごとに分けて書き、ストーリーを展開させていく。Aメロ・Bメロ・サビ。1番と2番で上下に並べ対比させながら、韻や言葉を選んでいく。書いている途中で斜線が引かれた紙、何かのキーワードをとらえたことを示す丸印が書かれた紙などが、スタジオの机に幾重にも並べられていった。時に迷いながら言葉をつかむ試行錯誤が続く。

1984年のデビューから90年代の多忙な日々にあってもこの作業を続けてきた小室。そんな貴重な瞬間に立ち会っていることに僕は武者震いしてしまった。

楽曲のタイトルとして書かれたのは『Be The World』という文字だった。

タイトルに込めた意味は、「てれび戦士」たちに向けた手紙につづられていた。

てれび戦士の皆さん

元気かな？ いつも歌詞を書くとき
こうやって書いてるので同じ感じで。
ここ何年か、みんなにとって
気持ちがすっきりこないことばかり
だったと思うけれど……
こうであってほしい、こんな世界が良いなあ
とみなそれぞれが描いている想いを

がんばって1曲に、歌に
込めてみました。

レコーディング？で会えることを
楽しみにしています。
歌詞をじっくりと考えて
おけいこしてみてください！！

Tetsuya Komuro

直筆メッセージ

Be The World

詞・曲・編曲　小室哲哉

1

昨日とちがう 今日もまた
地球のニュース なぜなの どうして
公園を走って 息を切らして
気持ちも汗だくで もう走れない
Yes we will be
Yes you will be there
Be The World, Be The World
素の笑顔が
Be The World, Be The World
明日をつくるね
みんなに素顔で愛を届けよー
世界を素直にもっと知ろうよ

Be The World, Be The World
Wow Wow Wow
Be The World, Be The World
Wow Wow Wow
Be The World, Be The World
Wow Wow Wow
Be The World, Be The World
Wow Wow Wow

2

手のひらからも どこへでも
行くことができても 本当じゃない 感じれない
もう一度深呼吸 広い空を抱き
世界中のみんなに 伝えなきゃ
Yes we will be
Yes you will be there
Be The World, Be The World
素の笑顔が
Be The World, Be The World
明日をつくるね
みんなに素顔で愛を届けよー
世界を素直にもっと作ろう

Be The World, Be The World
Wow Wow Wow
Be The World, Be The World
Wow Wow Wow
Be The World, Be The World
Wow Wow Wow
Be The World, Be The World
Wow Wow Wow

「みんなが思う世界、みんなが願う世界であれ」という思いを綴った『Be The World』。世界が未知のウイルスに翻弄される様子を「昨日とちがう 今日もまた 地球のニュースなぜなの どうして」と子どもたち目線で代弁する歌詞ではじまっていく。

「息を切らして」「もう一度深呼吸」。マスク生活を強いられる中で、感じた「息」や「呼吸」の大切さ。

「手のひらからもどこへでも 行くことができても本当じゃない感じれない」

スマホであらゆることにネット上からアクセスできても、現実に感じることができないもどかしさなど、わずか2分53秒の歌には様々な情景や思いが込められている。

印象的なのは、サビの「素の笑顔が」「素顔で愛を届けよー」「世界を素直にもっと知ろうよ」という「素」がつく言葉の3連発。マスクで隠れた「素の笑顔」を見たいという思い、その人の「本心」を意味する「素顔」が明日を創るという思い、そして揺れる世界に対して、バイアスをかけて見るのではなく、純粋な気持ちで知ろうという「素直」さを大切に思う気持ちが込められている。

そんな小室哲哉の歌詞の狙いを「てれび戦士」は、

「最初は楽しい曲って思ったけど、詞を読むと楽しいだけじゃないことがわかった」

「この曲って悲しいねとかそんな感じじゃなくて元気出してって曲だから、盛り上がるところはめちゃ盛り上がったほうがいいんじゃないか」

「素の笑顔、素顔、素直ってあるじゃないですか？　ありのままの私たちみたいなその人の隠してる・隠したい部分もその人のいいところだから、それをもっと出して頑張ろうってことだよね」

と、しっかり受け取った。その一方で、「てれび戦士」が気にしていたのが、「気持ちも汗だくでもう走れない」という一節だ。

「自分としては頑張ってるけど、もうこれ以上はできない」「なんだか落ち着かない」という思いを表現した歌詞だが、普通ならば、「気持ち」が汗をかくとは言わない。この一節に、小室はどんな意味を込めたのか。番組で小室はこう語った。

「日本語的には〝気持ちも汗だく〟って、いったいどういうこと？　ってなるんだけど、テレビの向こうには、小学校1年生の子もいるかもしれない。みんな〝気持ちよかった〟とかすごく言うよね。〝心地よかった〟は聞いたことないよね。だから、日本語ではちょっと不思議な感じだけど『気持ちも汗だくで』っていうので、通じるんじゃないかと思って入れてみました」

歌い手だけでなく聴き手の年齢や心情を読み取り、受け入れやすい言葉を選ぶ。歌詞に話し言葉――「口語体」を用いた小室らしい歌詞。小室の作詞の真髄が垣間見えた。

この話、実は、番組では描き切れなかった舞台裏がある。

当初、この部分は「気持ちも汗だく」ではなく「素顔も汗だく」と書かれていた。それを最後の最後に小室が修正したのだ。

修正したのは、詞・曲が完成し、番組チーフ・プロデューサーである僕が同席したレコーディング前の最終チェック。小室が歌った仮歌を聴いた後、歌詞全体を俯瞰してみたとき、テーマである「素」に関係する言葉をサビの前に出してしまうと、サビで登場する「素」の3連発が際立たなくなってしまうのではないか…と、僕が恐る恐る尋ねたのがきっかけだった。

すると、小室は「そうだね…」とつぶやき、首を傾けながら新しい言葉を考え始めた。

想定しなかった沈黙の時間が続く。現場に緊張が走る。

失礼なことを言ってしまったと焦った。尋ねてしまったからには何か代案を出さなければならないと、「素顔」の三文字に代わる新しい言葉として「心という言葉は、どうでしょうか…」と切り出した。もちろん、自信はない。全身から汗が一気に吹き出す。

15秒くらいの時間が流れただろうか。小室がつぶやく。

「〝心〟かぁ。だったら〝気持ち〟のほうがいいね。子どもたちは〝心地いい〟って言わないよね〝気持ちいい〟って言うよね…。〝気持ち〟…かな」

「創作とは、こういうものなのか」「言葉を歌詞に乗せるとは、こういうことなのか」

——そう実感させられる、まさに「痺《しび》れる体験」だった。

10月。迎えた楽曲のレコーディング。歌入れには滅多に来ない小室が、「てれび戦士」の歌をチェックするために東京・渋谷のＮＨＫ放送センターのスタジオにやってきた。はたしてうまく歌えるか、緊張と不安を抱えたままレコーディングに臨む「てれび戦士」に、小室は歌の楽しさに気づかせる「魔法」のような前向きな言葉をかけていく。

変声期で高音が裏返ってしまうメンバーには「苦手を気にせず、得意なことを伸ばせばいい」と声をかける。どの音程を歌っているかわからなくなってしまうメンバーには「他のメンバーの声を聴きながら歌ってみよう」と、個人個人に合ったレコーディング方法を提案。ブース越しに、小室も自ら一緒に歌い、子どもたちの気分を乗せてみせた。

そして、2番の歌詞の一部をソロパートにし、その選択をメンバーに任せ、自分たちが届ける歌なんだという当事者意識と責任感をより強く意識させる提案をした。これには、「てれび戦士」とスタッフ全員が驚き、自然と感動が湧き上がった。

小室はこの楽曲をよりパワーアップさせるために、ダンサー・RIEHATAに振付をオファーしていた。BTSをはじめ世界の有名アーティストからオファーが殺到している、いま大注目の存在である。音楽プロデューサーとして、楽曲だけでなく視覚に訴えかけるダンス込みの映像で考えていくことが、時代の必須条件と考えたからだ。

ダンサーRIEHATAと、音楽プロデューサー小室の振付の作戦会議。

小室は「単調なリズムより、いろんな音があった方がさまざまな表現ができる」と、RIEHATAのダンスを際立たせるため曲のイントロに手拍子のような音を詰め込んだこと、ダンスを印象的に見せるため「2分53秒」の曲にイントロを「24秒」も割いたことを伝え、RIEHATAの創作意欲を最大限に引き出そうとした。

その言葉にRIEHATAも心を打たれ、BTSにも通じる難しい振付をイントロ部分に提案した。それは、難しい振付をあえてイントロに持ってくることで、「てれび戦士」たちに「ダンスをマスターできた」という自信と成長を感じてもらう狙いがあった。

第一線のクリエーター同士の化学反応によって、「てれび戦士」たちの歌とダンスが、本物のエンターテインメントに昇華していく。

さらに、『Be The World』では、イントロのメロディーを作るうえで、人工知能ＡＩのアドバイスを採用しているという。

理化学研究所の客員主管研究員として、人工知能ＡＩを使った作曲支援システムの研究開発に参加している小室。「ＡＩが『小室らしい曲』を作ったらどうなるか？」という実験を、浜中雅俊チームリーダーとともに重ねている。

小室が所属するのは、理化学研究所の革新知能統合研究センター（ＡＩＰ）音楽情報知能チーム。チームでは、ＡＩで音楽の構造を分析する手法を研究している。

博士号取得者以外の就任は例がなく、プロの音楽家は異例。シンセサイザーなどのデジタル機器を駆使した小室の長年の活動が認められ、その経験を研究に生かすことで選ばれた。チームは、小室が制作した１４００曲もの膨大な数の楽曲をＡＩで分析している。

今回試した実験は、安室奈美恵の『a walk in the park』と、ｔｒｆの『BOY MEETS GIRL』の2曲の特徴をＡＩに分析させ、新しいフレーズを生み出すこと。それを小室が『Be The World』のイントロやサビに活かしている。

単なる番組の企画を超えて、番組を通じて、子どもたちに未来を感じてもらいたいと、小室は『Be The World』に、ＡＩによる最先端の作曲技術をしのばせていた。

「いまの時代、みんな知らず知らずのうちにＡＩに手伝ってもらっている場面が多いので、それが音楽にも近づいてきているんだ、面白いなって思ってくれたらいいかなと」
そう小室は語った。

「天才てれびくん」という子ども向け番組でありながら、小室は決して、子どもだましで済まさない。大人が子どもたちに「本物」「最新」そして「最高」の体験を提供することが大切と考えるプロフェッショナルな姿勢が、そこにはあった。

曲のテーマ設定、作曲、作詞、レコーディング、そしてプロデュース。わずか「2分53秒」の曲が生まれるまでに、これほどまでの手間と思考、そして仕掛けが施されていることを体感した。

この楽曲は好評を博し、翌2023年夏、『Be The World sustainable ver.』として新たな顔ぶれとなった「てれび戦士」17人によってレコーディングされ、NHK「みんなのうた」でも放送された。

音楽家・小室哲哉の視座・視野・視点と創作意欲は、昭和・平成・令和という3つの時代をまたいでもなお、アップデートされ続けている。

終章

小室哲哉の本質とは?

２０２４年。ＴＭ NETWORKのデビューとともに音楽活動40周年を迎えた小室哲哉は、過去の功績にすがることなく、新しい音楽を届け続けている。

ＴＭ NETWORKには、テレビ、アニメ、映画など幅広いジャンルから楽曲オファーが届いており、それに応えるように多彩な楽曲を提供している。また楽曲提供でも、テレビやゲーム、アニメ映画など注目作品からのオファーが舞い込んでいる。特に、西川貴教 with t.komuroとして発表した『FREEDOM』は、「Billboard JAPAN」のダウンロード・チャートで1位を獲得。小室哲哉ここにあり、を強く印象付けた。

ソロアーティストとしても、活動は意欲的だ。ソロライブのほか、クラシック音楽との融合を図ったオーケストラとの共演コンサートなどライブ活動を積極的に行っている。

さらに、最先端のテクノロジーを音楽に持ち込みたいと、理化学研究所の客員主管研究員として音楽生成ＡＩの研究にも携わり、ＮＦＴやメタバースなど最新のデジタルトレンドを用いての「実験」も欠かさず続けている。

坂本龍一亡きいま、「シンセサイザー音楽の第一人者」というバトンが、小室に託された感がある。

坂本をこよなく敬愛した小室は現在、その役目を強く意識した音楽活動も、試みるようになっている。2023年、フランス・カンヌで開催された広告・クリエイティブの世界的祭典「カンヌライオンズ」に招かれた小室は、自らの楽曲の解説文を生成AIに入力し、楽曲の「感想」を生成させた。ライブでは、その「感想」を自らの演奏に重ね合わせて表示させるインスタレーションを行い、音楽と最新テクノロジーの融合をショーとして観客に提示してみせた。

ライブでは、小室哲哉がシンセサイザーの前に立つだけで、観客席から歓声が上がる。どんな音を奏でるのか、その期待感が人々を焚きつけるのだ。

小室哲哉の音楽の本質を最後にいま一度探るうえで、改めて、なぜシンセサイザーという楽器を小室が選んだのかを解きほぐしてみたい。

小室　僕はバイオリンをやってたんですけども、ピアノは一度も正式な教育を受けたことがなくて、コンプレックスもあったりして。だからピアノは独学です。独学、見よう見まねっていうか、聴いてというか。いまみたいに映像がすぐあるわけじゃないですから、耳で聴いてだったりとか、人のを見たりとかなので、クラシック音楽の方からしたら、「小室さんの弾き方はちょっと変わってますよね」「違いますね」って言われるんです。

なので、唯一、鍵盤楽器でピアニストにもちょっと演奏しにくいところがあって、ピアノじゃできないこともできるシンセサイザーを、ずっと追求しようっていう感じで。そう思わせてくれたシンセサイザーって、20世紀に生まれた楽器なんですよ。すごく珍しいですよね、そんなに新しい楽器って。

小室が「20世紀に生まれた楽器」と語るシンセサイザー。のめりこんだ理由を探っていくとさらにその本質により近づくことができる。

まず、シンセサイザーは「音を作ることができる」楽器である。シンセサイザーは、プリセットと呼ばれるあらかじめセットされている音がありながら、音を重ねあわせたり、音の構造を操作して、自分だけのオリジナルな音を作ることができる。

またシンセサイザーには、音を変化させる数々の機能がある。そのひとつ「サステイン」は、「サステナブル」――持続するという意味がある。プレーヤーが鍵盤から手を離しても音が伸び、鍵盤をずっと押し続けると、音が出たままにもなる。鍵盤楽器の元祖であるピアノだと、鍵盤を押し続けても音は自然に消えてしまうため、ペダルを押し続けたりして、響きを伸ばすことを試みるが、それでも、音を一定に出し続けることはできない。音を半ば永遠に出し続けたいなら、シンセサイザーを使うしかない。

さらに音と音をつなげる「ポルタメント」もシンセサイザーが持つ独特の機能だ。ピアノだと、打鍵という構造上、ドからレに音階を移行すると、「ド・レ」と音がはっきりと切れてしまうが、シンセサイザーのポルタメント機能を使うと、「ドーレ」というように、音階をつなげて移行することができる。

「ピアノは手作りのアナログ楽器ですよね。で、シンセは機械ですから、デジタル楽器、電子楽器なんですけど、ポルタメントを使うと、表現効果としては、つながるはずのない音と音がつながるわけだから、ピアノがデジタルで、シンセがアナログという捉え方もできるんですよ。だからシンセサイザーは面白いんですよね」と小室は語る。

音をゼロから生み出し、自在に操れる。その制御も自由にできる。ピアノやギターといった生楽器ではできないことが、シンセサイザーでは実現できる。

高校時代、自宅に招いた友人たちにローランド「SH-1000」の機能を披露し、驚かせることが喜びだったと小室は振り返る。

また、小室はシンセサイザーを演奏するだけでなく、シンセサイザーそのものを作り出すことにも挑んだ。80年代後半からYAMAHAとシンセサイザーのプロデュースに取り組み、「EOS」シリーズを世に送り出したのだ。

「ＥＯＳ」シリーズは、それまで音源、鍵盤、スピーカーがバラバラになっていたシンセサイザーをひとつにまとめ、自宅でも買った直後から簡単に演奏することができる「オールインワン」を実現。ピアノやエレクトーンなどの鍵盤楽器に親しんでいた女性を中心に、爆発的なヒットを記録する。また、ＴＭやｔｒｆ、ｇｌｏｂｅなど小室プロデュースの楽曲で使用した音を集めた「サウンドカード」を別売りさせたり、「ＥＯＳ」シリーズで作ったオリジナル楽曲による「サウンドコンテスト」も開催するなど、新人ミュージシャン発掘の原動力にもなっていく。

優れたプロダクトを開発し、ソフトをアップデートさせて充実させていくという、現在でいうスマホとアプリの関係にも似た「プラットフォーム」戦略をシンセサイザーで実現させたのだ。

「ＥＯＳ」シリーズの開発当時、小室の右腕といえる存在だったのが、音楽プロデューサーの浅倉大介だ。浅倉は、10代の頃からＹＡＭＡＨＡのエンジニアとしてシンセサイザーの開発に関わり、かつてＴＭ ＮＥＴＷＯＲＫのサポートメンバーも務めた。小室とは「ＰＡＮＤＯＲＡ」という音楽ユニットも組んでいる。

新しいことに果敢に挑戦し、それまで世の中にフォーマットがなかった部分を開拓していく小室を浅倉は「道しるべ」と表現する。浅倉には、小室との忘れられない会話がある。

「PANDORAでレコーディングしてた時かな。小室さんと2人で世間話をしてる中で、僕たちシンセサイザーで良かったねっていう話があって。まずシンセサイザーって『こうしなきゃいけない』っていうセオリーがない。クラシックのように、これを練習して、この曲が弾けるようになると次のランクにみたいな、そういうものは一切なくて。

それから、シンセサイザーは時代の最新のテクノロジーが楽器になる。永遠に完成せず進化している。そういうふうに考えると、その存在感はファッションに近いんですよね。時代時代で音色が変わっていく。小室さんと話していたのは、そうやってどんどん姿を変えていけるっていうのがすごい面白いよねっていう話で」

20世紀に誕生したシンセサイザーは、21世紀になったいまでは、世の中にあるすべての音を出せるという次元にまで進化したといわれている。

こうした中で、小室が生み出すヒット曲と、そして音楽プロデューサーとしての手腕。どこにそのすごさがあるのか。浅倉に再び尋ねると興味深い答えが返ってきた。

「ミリオンだったり、ヒット曲、タイアップっていうものが必ずあって、それに応えなければいけない曲を1年で90曲つくり上げているっていう部分はほんと、神の領域だと思うんですよね。

僕が小室さんの曲を自分なりに解析して、色あせないのってなぜだろうってちょっと考えたんです。そうしたら、小室さんのヒット曲って片手の5本指の中に収まるんじゃないかってことに気づいたんですね、鍵盤の上に指を置いたときに収まる高さの音でできているって。

たとえば、『Get Wild』もサビを弾くのに鍵盤からほとんど指を移動させなくていい。ということは、誰でも口ずさめる。とんでもない音の飛びもなく、難しくない。でも、心地良い階段の動き方が記憶に残りやすいっていうのが、小室さんのマジックのひとつなのかなと思います。もしかしたら、小室さんの手癖でもあるんじゃないかな、と」

シンセサイザーで作曲する小室の音楽には、多彩なサウンドがちりばめられている一方で、誰もが口ずさめるメロディーが展開されている。それはなぜか。そこには、ピアニストの出身者が重視する「和音」ではなく、小室独特の「単音」を重視する作曲方法が関係しているようだ。

小室　歌を聴くとき、音楽家の方たちとか、音楽にすごく慣れていらっしゃる、すごくたくさん音楽を聴いてる方たちは、いろんな音がいっぺんに、あの楽器が、あの音が鳴ってるって認識されるんですけど、ごくごく一般の方は、ひとつの曲があったら一番目立つメロディー、特に歌のメロディーを先に覚える感じになる。そういう単音は、まず耳に飛び込んでくる強さがあると思うんですね。だから、まずこの単音から、まず一番目立つところから考えてもいいんじゃないかって。もしかしたら、それがヒット曲のひとつのヒントかもしれないですね。

実は、高校時代の小室が初めて手にしたシンセサイザー「SH-1000」は、同時に複数の音を出すことができなかった。たとえば、鍵盤のドとソを、同時に押してもどちらか1音しか出ない。ピアノのように左右の手で弾いても1音しか出すことはできなかった。言ってみれば「リコーダー」と同じようなものだった。

つまり、単音しか出せなかったのである。

この単音という当時のシンセサイザーの技術的制限が、逆に小室の作曲家としての強さや、独自のクリエイティビティを育て上げたという側面があるのかもしれない。

また、小室は、小学生時代から親のすすめでバイオリンを習っていた。バイオリンは単音楽器である。自在に指を動かし、弦を振ることで、たくさんの音を組み合わせ、旋律を奏でていく。単音の強さが求められる楽器、目立つ楽器である。単音の強さが求められるという意味で、小室にとってバイオリンと「SH－1000」は延長線上に並ぶ存在だったのかもしれない。

さらに付け加えると、バイオリンは、左手の指ひとつでオクターブを自在に上げ下げできること、転調ができる特性もある。小室は、この手法を作曲やライブ演奏で多用する。単音、オクターブとばし、転調。小室のヒット曲に数々登場するこの展開は、幼い頃に習っていたバイオリンや初めて手にしたシンセサイザー「SH－1000」に由来するものかもしれない。

小室哲哉が作る音楽の本質とは何か、最後に尋ねた。

小室　僕の本質ですか、どうですかね…。僕は、人にぶつかって響くものを音楽にしてるんですよね。人が向き合ってこそ音楽ができるので。作曲、作詞、編曲も、歌う方なり、バンドのメンバーなり、ミュージシャンなりの人がいてこそ、じゃあ、こういうものを作ろうっていうものなので、ここは鏡なんですよね。人と向き合わなかったら、どの曲もできてなかったと思うんですね。何もないところからその言葉と曲と音は生まれてこないので。ただ自分が鳴らしたい音を鳴らすのではなくて、時代が求める音、求めてくれる人の期待に応える音を鳴らしたいと思っているんです。

だから、これからどんなふうに音楽を届けたいかと言ったら、とにかく、一言で言うと、サステナブルっていうか、使い捨てになってはもったいないので、たかが音楽、されど音楽なので。

いま、地球を大切にするっていう意味でも、水も飲み放題じゃなくなってきてるわけですから、大切にする。音楽も同じ、人の英知ですから、せっかくなら持続可能な、いつの時代でも、また聴いて、いいよねって言われるような、かっこよく言えば、サステナブルな音楽を作っていきたいなと思います。

サステナブルな音楽。それはまるで、ずっと押している限り音が出続ける、シンセサイザーの「サステイン」のように、時代を超えても、曲が鳴り続けること。

取材の最後、小室哲哉が残したのは、原点にあるシンセサイザーにまつわる言葉だった。

おわりに

僕が、小室哲哉さんの音楽に出合ったのは1994年、ちょうど中学3年生の頃だった。TMNが活動を「終了」することを知らせた新聞の全面広告。「4001日間におよぶプロジェクトを終了させます」というメッセージを見て、これは一体どういうことなんだ？と強く興味を引かれたのが、きっかけだった。

以来、現在進行形で起こっていく小室プロデュースの楽曲を追いかけながら、TMNおよびTM NETWORKの楽曲を遡《さかのぼ》っていくという青春時代を送った。2023年に亡くなられた音楽ライターの藤井徹貫さんが、TMや小室さんを献身的に取材したインタビューや記事、書籍なども読みあさった。多感な10代は、小室哲哉の音楽で彩られていた。そして、新たなものを生み出すという「プロデューサー」の魅力に引き込まれていった。

本書の「はじめに」で、小室の仕掛ける作戦に夢中になった若者たちの中には、「プロデューサー」を憧れの職業に昇華させた者も少なくないだろう——と書いたが、僕自身が紛れもなく、そのうちのひとりだったのだ。

あれから、30年。2024年になった今、NHKのチーフ・プロデューサーとして、憧れの人物のテレビ番組を制作し、書籍にまでまとめることになるという未来をあの時、想像できただろうか。「いつか小室哲哉さんと仕事をしたい」とは思っていたが、ここまで濃密な仕事をすることになろうとは、まったく想像していなかった。僕にとっては時空を超える「世界線」を生きているような感覚だ。身の引き締まる思いで、書かせて頂いた次第だ。

今回、小室さんを取材して改めて強く感じたことは、プロデュースとは相手の才能を「引き出す」ということだ。小室さんの言葉で言えば「いかに気配りができるか」という表現になるが、自分のやりたいことを詰め込んだり、相手に押し付けたりするのではなく、相手の秘めている才能を引き出し、新たな強みとして活かせるところまで持っていくことがプロデュースの真髄であり、重要なポイントなのだということだ。

これは、音楽だけではなく、もしかしたら、教育にも通じることかもしれない。教育は「教える」と「育てる」という言葉でできている。そして、教育の理想形は、教え、育てる人がいなくなっても、自分で判断して自律的、主体的に行動できる人を生み出すことにある。

こうした新たな気づきや、新たな彩りをアーティストに与えることができるからこそ

「小室哲哉に楽曲をプロデュースしてもらいたい」という歌手やアーティストが、いまも絶えないのではないだろうか。

小室哲哉の音楽を聴き、歌った皆さんは、本書を読んでどんな記憶を思い出し、どんな感想をお持ちになっただろうか。皆さんにとって、新たな知的好奇心や探求心を引き出せるような「きっかけ」になってくれたらうれしいと感じている。本を読み終えた方の中には、もしかしたら、この部分をもっと知りたかった、もっと触れてほしかったという感想を抱く方もいらっしゃるかもしれない。その気持ちは、書いている僕も抱いている。膨大な小室哲哉の音楽世界のすべてをこの本で、書ききれたとは思っていないし、その魅力はこれからも更新し続けられるだろう。

小室さんが語ったように、楽曲の記憶は、100万人いたら100万通りある。そのどれもが、銀河の星のごとく輝いているものだ。どうか、その思いを皆さん同士で語り合って、明日の楽しみにつなげて頂けたら幸いだ。そんな場があったら、僕もぜひ参加してみたい。

本書の執筆にあたりご協力いただいた、すべての取材関係者の皆さん、番組スタッフの皆さんに厚く御礼申し上げます。また、ＮＨＫアナウンサーの廣瀬智美さん、小松宏司さん、塚原泰介さんには、番組の企画段階から、大変お世話になりました。特に廣瀬さんには、放送後も充実した追加取材ができるよう、素晴らしい質問を言葉巧みに投げかけて頂きました。そして何より、今回の機会を与えて頂いた小関奈央さん、宗村直哉さん。改めて心より御礼申し上げます。

最後に、原稿を最後まで粘り強く待って頂いた小学館の山内健太郎さん、執筆の日々をともにあゆみ、支えてくれた家族。とりわけ、本の完成を誰よりも楽しみにしていた亡き母に、心より感謝します。ありがとう。

２０２４年４月21日

ＮＨＫ　チーフ・プロデューサー

神原　一光

主要参考文献

［書籍］

『With t 小室哲哉音楽対論 Vol.1·2·3·4』（TK MUSIC CLAMP編·幻冬舎）

『小室哲哉　深層の美意識』（神山典士·講談社）

『告白は踊る』（小室哲哉·角川文庫）

『プロデューサーは次を作る』（小室哲哉×中谷彰宏·飛鳥新社）

『Jポップとは何か～巨大化する音楽産業』（鳥賀陽弘道·岩波新書）

『罪と音楽』（小室哲哉·幻冬舎）

『弱虫のロック論～GOOD CRITIC』（平山雄一·角川書店）

『1995年』（速水健朗·ちくま新書）

『1998年の宇多田ヒカル』（宇野維正·新潮新書）

『リズムから考えるJ-POP史』（imdkm·blueprint）

『平成のヒット曲』（柴那典·新潮新書）

『黒子のリーダー論』（丸山茂雄·日本経済新聞出版）

『「90年代J-POPの基本」がこの100枚でわかる!』（栗本斉·星海社新書）

「小室哲哉インタビューズ Tetsuya Komuro Interviews Complete Edition 2018」（リットーミュージック）

［雑誌］

「月刊カドカワ」（1991年10月号）

「月刊KITAN」（1995年10月号）

「TM NETWORK 30th Anniversarry Special Issue 小室哲哉ぴあ TM編」（ぴあMOOK）2014

「TM NETWORK 30th Anniversarry Special Issue 小室哲哉ぴあ TK編」（ぴあMOOK）2014

「globe 20th Anniversarry Special Issue 小室哲哉ぴあ globe編」（ぴあMOOK）2015

「昭和50年男」（2023年3月号）

NHK「インタビューここから　音楽家・小室哲哉」

（総合テレビ 2022年11月23日放送 ／BSプレミアム 完全版 2023年2月18 日放送）

出演　小室哲哉　木根尚登　浅倉大介
聞き手・ナレーション　廣瀬智美アナウンサー

［制作スタッフ］
撮影／扇一陽祐　中島將護
音声／長津裕子　齋藤喜代美
照明／大塚顕
編集／野口聖司
音響効果／宮﨑忠司
取材／小松宏司　日浅麻紗子
ディレクター／野田洋明
制作統括／塚原泰介　神原一光

NHK「天才てれびくんhello,　MTK密着スペシャル」

（Eテレ 2022年11月1日・2日放送）

出演　小室哲哉　RIEHATA　チャンカワイ（Wエンジン）
　　　稲毛眞生　勅使河原空　布施麻理亜　松尾そのま　丸山煌翔
ナレーション　木村昴

［制作スタッフ］
タイトル映像／STEADY
アートディレクター／大月壮
オリジナル音楽／小田朋美
衣装デザイン／鈴木淳哉
衣装制作／広瀬水音
スタイリスト／Babymix
ヘアメイク／新宮利彦
歌唱指導／NORIKO K
撮影／竹中哲
音声／渡邊賢　栗田静華
編集／一ノ瀬一郎
映像技術／野村聖史
音響効果／塚田大
ディレクター／嘉納一貴　関戸敦　渋江修平
プロデューサー／観堂早織　中村真己
制作統括／神原一光

小室哲哉（こむろ・てつや）
1958年11月27日東京都生まれ。音楽家。
音楽プロデューサー、作詞家、作曲家、編曲家、キーボーディスト、シンセサイザープログラマー、ミキシングエンジニア。1983年、宇都宮隆、木根尚登とTM NETWORKを結成し、1984年に「金曜日のライオン」でデビュー。同ユニットのリーダーとして、早くからその音楽的才能を開花。以後、プロデューサーとしても幅広いアーティストを手がけ、これまで世に生み出した楽曲総数は1,600曲を超える。20曲以上がミリオンセラーを獲得する稀代のヒットメーカー。日本歴代シングル総売上が作詞／作曲／編曲の全ての分野でTOP5に入る、唯一の存在である。2023年9月には『劇場版シティーハンター 天使の涙（エンジェルダスト）』のOP／ED曲ほか劇中歌、2024年1月には『機動戦士ガンダム SEED FREEDOM』主題歌として、西川貴教 with t.komuro名義の「FREEDOM」をプロデュースし、大ヒット中。2024年4月21日にTM NETWORKとしてデビュー40周年を迎えた。

神原一光（かんばら・いっこう）
1980年2月19日東京都生まれ。NHKメディア総局第1制作センター
教育・次世代チーフ・プロデューサー
早稲田実業学校高等部、早稲田大学を経て、2002年NHK入局。特番ドキュメンタリーや「トップランナー」「おやすみ日本 眠いいね!」「天才てれびくん」シリーズなどの子ども・若者向け番組を中心に「NHKスペシャル」や東京オリンピック・パラリンピックの大型番組・プロジェクトも担当。現在、デジタルトレンドを徹底解説する特番「令和ネット論」を手掛けている。『ピアニスト辻井伸行　奇跡の音色』（文春文庫）『平成ネット史　永遠のベータ版』（共著　幻冬舎刊）など著書多数。
X公式アカウント　@ikko_1980

協力　小関奈央、宗村直哉（Pavilions）
NHK
提供　エイベックス・ミュージック・クリエイティヴ
ソニー・ミュージックレーベルズ
NBCユニバーサル・エンターテインメントジャパン
電通ミュージック

編集　山内健太郎

装幀　水戸部功

WOWとYeah　小室哲哉
〜起こせよ、ムーヴメント〜

2024年5月20日初版第1刷発行

著者　神原一光
発行者　五十嵐佳世

株式会社小学館
〒101-8001
東京都千代田区一ツ橋2-3-1
編集 03-3230-5126　販売 03-5281-3555

印刷所　TOPPAN株式会社
製本所　株式会社若林製本工場

　ISBN978-4-09-389157-8